사성제 · 팔정도

교리·입문

사성제 팔정도

| 성스러운 진리 올바른 삶의 길 |

이필원

민족사

시리즈를 펴내며

  메마른 대지에서 꽃을 피우는 것은 물과 자양분과 정성이다. 내 영혼은 독서와 글쓰기, 그리고 깊은 사색과 명상을 통해 작은 꽃을 피운다.
  불교는 인류의 역사와 함께하면서 갈 길 몰라 방황하는 이들에게 삶의 이정표를 심어 주었고, 외롭고 고독하며 아프고 슬픈 이들에게 마음의 안정과 평화를 심어 왔다. 삭막한 영혼에 물과 바람과 햇빛을 쬐어 주고 정성을 기울여 꽃을 피우게 했던 것이다.
  이제 서양 사람들이 본격적으로 불교에 눈뜨기 시작했다. 서양의 지성들은 불교에서 새로운 자양분을 흠뻑 마시고 있다. 머지않아 불교가 전 지구적 가르침으로 고동칠 것임이 분명하다. 불교는 불교도만의 것이 아니라 이 시대의 모든 사람들의 것이다. 불교는 오늘날의 역사와 문화, 인류와 함께할 것이다.
  이 시리즈에서는 분야별·주제별로 불교의 다양한 가르침을 전하고,

알기 쉬우면서도 깊이 있게 불교가 전하고자 하는 메시지를 담아내고자 한다. 그리고 구체적이면서 실용적인 지침을 주고자 한다.

이 작은 책을 간편하게 지니고 다니면서 지하철에서, 혹은 길을 가다가, 혹은 누구를 기다리면서 읽고 사색하며 영혼을 살찌울 수 있다면 얼마나 인생이 아름답고 값질 것인가? 얼마나 삶의 질이 다채롭고 깊어질 것인가?

사상과 문화의 물꼬를 터온 민족사에서 **'내 영혼의 작은 책'** 시리즈를 펴내면서 21세기 불교 교리와 수행, 문화와 의식 전반을 이 시대를 살아가는 사람들에게 제시하여 영혼을 살찌우려 한다.

그래서 그런 영혼의 힘이 고독과 허무, 아픔과 좌절, 정신적 빈곤과 경직된 사고를 뛰어넘어 시대와 역사, 사람과 인류, 자연과 세계에 소통하여 아름다운 한 떨기 꽃을 피우련다.

머리말

    고통의 문제는 불교의 가장 근본적인 문제의식이라고 할 수 있습니다. 그래서 불교를 공부한다는 것은 어떤 의미에서는 자신이 갖고 있는 고통의 문제를 해결하고 싶은 갈망이 있기 때문일지도 모릅니다.

    이 책은 고통에서 벗어나 자유로움을 얻는 길을 불교의 개조이신 고따마 붓다를 통해 살펴보고자 했습니다. 고통을 회피하지 않고 정면으로 부딪혀 온전히 해결하고 그 방법을 제시해 준 분이 바로 고따마 붓다이기 때문입니다.

그래서 필자는 많은 경전 중에서 특히 《숫따니빠따 Suttanipāta》의 경문을 주로 인용하였습니다. 이 경전은 다른 어떤 경전보다도 부처님의 원음을 충실히 전해주고 있다는 평가를 받고 있으며, 또한 철학적 종교적으로 윤색되지 않은 부처님의 문제의식이 그대로 드러나 있는 경전으로도 정평이 나 있습니다.

그리고 그 외에는 빨리어 경전인 니까야 Nikāya의 경문을 주로 인용하였습니다. 빨리 니까야 역시 초기경전으로서 불교의 초기 모습을 보여주는 귀중한 문헌이기 때문입니다.

필자는 가능한 한, 부처님의 윤색되지 않은 모습을 통해 부처님이 어떠한 문제의식을 가지고 출가를 하고 수행을 하며, 설법을 하셨는지를 통해 고통의 문제에 접근하고자 했습니다. 이것은 철학적이고 논리적인 내용을 기대한 분들에게는 다소 실망스러울지도 모르겠습니다.

그러나 고통의 문제는 철학적인 주제이기 이전에

실제 우리들의 삶속에서 끊임없이 문제로 대두되는 것이기에, 철학적인 접근보다는 부처님의 문제 중심으로 이야기를 풀어가고자 했습니다.

이 글을 쓰면서, 어디까지 필자 개인의 생각을 허락할 것인가에 대해 많은 고민을 했습니다. 필자에게 늘 많은 가르침을 주시는 동국대 김호성 교수님은 '자기 철학의 제시'를 강조합니다. 이 책의 내용은 자기 철학의 제시라고 거창하게 말할 것은 없습니다만, 제 나름의 해석을 통해 기술하고자 했습니다.

본문의 글 속에서 충분히 뚜렷하게 필자 나름의 해석이 읽히지 않을지도 모르겠지만, 전체적인 내용과 구성 속에서 필자의 '자기 이해'를 드러내고자 했습니다. '자기 이해의 부재'는 단순한 사실의 나열로 무미건조하며 생동감을 잃는다고 생각하기 때문입니다.

오늘날의 우리들에게 부처님의 가르침은 동시대를 살아가는 사람에게 이해된 내용이어야 하며, 비판될 수 있는 것이어야 한다는 생각이 고민의 또 다른 부분에 자리하고 있습니다.

본문에 인용되어 있는 경문은 대부분 필자의 번역이지만, 때로는 다른 선생님들의 번역을 그대로 인용하기도 했습니다. 엄밀한 논문 형식의 글이 아니라 본문에서는 인용을 충실히 표기하지 못했습니다. 대신 여기에서 인용한 선생님의 책을 소개하고자 합니다. 우선 《숫따니빠따》에 나오는 경문 중 일부는 전재성 선생님이 번역한 《숫타니파타》한국빠알리성전협회, 2005를 인용하였습니다. 뿐만 아니라 선생님의 책은 필자가 내용을 이해하고 인용문을 선택하는 데 큰 도움이 되었음을 밝힙니다.

그리고 중앙승가대학교에서 발간된 《초기불전》 시리즈도 많은 도움이 되었습니다. 그 외의 책은 본문에서 가능한 표기해 두었지만 미처 출전을 밝히지 못한 부분도 있습니다. 그것은 책의 성격상 과도한 출전 표기가 읽는 데 방해가 될 듯해서입니다. 그렇지만 그러한 예는 그리 많지 않습니다.

마지막으로 이 책의 초고를 꼼꼼히 읽고 조언을 아끼지 않은 《법보신문》의 이재형 법형과 조계종 포교연구실의 고명석 선임연구원에게 깊은 감사를 드립니다. 그리고 민족사의 소책자 시리즈를 기획하고 본 주제를 필자에게 맡겨주신 민족사 여러분께도 깊은 감사를 드립니다.

2010년 4월

이필원 합장

머리말 ... 7

제1장
고따마 태자, 고통에서 벗어나 붓다가 되다

1. 태자, 위대한 버림의 길을 선택하다 ... 19
2. 깨달음의 길을 찾아 떠나다 ... 25
3. 고행을 통해 해탈을 구하다 ... 28
4. 고행을 포기하다 ... 31
5. 온전한 자유를 구현하고 노닐다 ... 35
6. 브라흐만의 간청 ... 37
7. 부처님은 깨달음을 얻고자 출가하신 것일까 ... 43

제2장

고통에서 벗어나는 길 : 중도의 길

    1. 부처님이란 무슨 의미?   ... 51
    2. 고행주의와 쾌락주의를 버리다   ... 54

제3장

해탈의 문 : 팔정도

    1. 팔정도를 어떻게 보아야 하는가   ... 65
    2. 팔정도 수행의 두 가지 특징   ... 70
    3. 바른 견해   ... 76
    4. 바른 결심   ... 81
    5. 바른 말   ... 86
    6. 바른 행위   ... 90
    7. 바른 생계   ... 97
    8. 바른 노력   ... 103
    9. 바른 알아차림   ... 109
    10. 바른 정려   ... 114

제4장
네 가지 성스러운 진리 : 사성제

1. 사성제가 갖는 의미 ... 123
2. 고통에 대한 자각 ... 128
3. 고통의 원인에 대한 추구 ... 135
4. 고통이 소멸된 상태 ... 145
5. 고통을 소멸하는 방법 ... 149

제5장
세 가지 배움 : 삼학

1. 삼학이 중요한 까닭 ... 153
2. 계학 - 자기 통제를 통해 행복으로 이끄는 원리 ... 158
3. 정학 - 집중을 통해 행복으로 이끄는 원리 ... 170
4. 혜학 - 참다운 지혜를 통해 행복에 이르는 원리 ... 180

| 약호 및 표기 |

본문에 자주 등장하는 문헌에 대한 약호. 빈도수가 낮은 것은 약호에서 제외함.
약호 표기는 *Critical Pali Dictionary*의 표기를 따름

- AN   *Aṅguttara-Nikāya*
- Dhp   *Dhammapada*
- DN   *Dīgha-Nikāya*
- MN   *Majjhima-Nikāya*
- SN   *Saṃyutta-Nikāya*
- Sn   *Suttanipāta*
- Vin   *Vinaya*
- Vism   *Visuddhimagga*
- 대정장/T   大正新修大藏經

제1장

고따마 태자, 고통에서 벗어나 붓다가 되다

01

태자는 이러한 근원적 고통에 대한 뼈저린 자각을 통해, 화려한 세속의 삶을 버리고 고난한 출가수행의 길을 택하게 됩니다.

태자, 위대한 버림의 길을 선택하다

불교, 아니 보다 정확히 고따마 싯닷따[Gotama Siddhattha, 산스끄리뜨어로는 가우따마 싯다르타(Gautama Siddhartha)] 태자는 이 세상을 어떤 눈으로 바라보았을까요. 일국의 태자로 태어나 세상 부러울 것 없는 환경에서 살았던 태자. 경전의 기록에 따르면 아리따운 야소다라 공주와 결혼하여 스물아홉의 나이에는 세상에 둘도 없이 귀여운 아들을 보았다고 합니다.

조금 더 태자의 젊은 시절을 돌이켜보면, 아버지 숫도다나왕은 태자의 섬세한 심성이 혹여나 다칠까 두려워, 계절에 따라 살 수 있는 궁을 셋이나 지어 주었고, 병든 이와 노쇠하여 움직이지 못하는 이들, 죽은 이들을 보지 못하게 했다고 전하고 있습니다.

그야말로 세상이 보여줄 수 있는 살아 있는 사람들의 비참함은 모른 체, 풍요롭고 평화로우며, 온갖 쾌락이 선사하는 즐거움이 넘치는 궁전에서 그렇게 살던 태자. 그러나 태자는 그러한 궁전 속에서도 홀로 명상에 잠기길 즐겼다고 합니다.

부왕이 농번기를 맞아 농사의 시작을 알리는 행사에서 쟁기질을 할 때에도, 꿈틀거리며 살려고 발버둥 치는 벌레를 보며 가슴아파했습니다. 그리고 그는 그것을 통해 존재의 무상함을 자신도 모르게 사무치게 아파했음을 경전은 전하고 있습니다.

태자의 섬세함은 부왕의 온갖 노력에도 불구하고, 오히려 민감해져만 갔습니다. 마치 조그마한 티끌이라도 만나면 금방 터질 듯한 비눗방울처럼, 그는 세상의 부정함과의 만남을 기다리고 있었던 것이지요.

아마도 태자의 그 너무나도 예민하고 섬세한 정서는 모친 마야부인의 죽음과 깊은 관련이 있을 것입니다. 잘 알려진 바와 같이 어머니 마야부인은 태자를 낳은 지 불과 이레 만에 세상을 등지고 맙니다. 태자는 태어남과 동시에 죽음이 주는 고통을 맛본 것이지요. 이모 마하빠자빠띠Mahāpajāpatī의 극진한 사랑과 보살핌은 태자에게 결코 부족하지 않았을 것입니다.

이모이자 양모인 마하빠자빠띠는 태자가 출가하여 깨달은 이, 붓다가 되었을 때 당신의 아들에게 귀의하여 이 세상 최초의 비구니가 되신 분이기도 하며, 그녀의 친아들인 난다 역시 이복형인 붓다에게 귀의하여 출가한 것을 보면, 출가 이전 이들의 관계는 흠잡을 데 없이 좋았을 것이라는 것을 짐작케 합니다.

그러나 태자의 섬세한 정서는 태자를 종종 나무 아래로 이끌고 가 깊은 사유로 안내하였습니다. 십대에 이미 깊은 선정의 단계에 이를 정도로 태자는 타고난 집중력의 소유자였으며 메마르지 않고 섬세하며 아름다운 정서를 지닌 사람이었습니다.

그에게는 단지 그 정서를 요동치게 할 하나의 계기만이 필요했던 것이지요. 그것을 경전에서는 사문유관이라고 하는 아름다운 이야기로 전하고 있습니다. '사문유관'이란 성城의 사대문을 나서 늙음과 죽음과 병든 이의 비참한 현실을 목격한 사건을 말합니다.

또한 출가수행자의 안온한 모습을 보고 출가를 결심하게 된 결정적 전기를 마련한 사건이기도 합니다. 그래서 사문유관은 태자로 하여금 세상을 떠나 출가수행자의 길을 걷게 하는 데 부족함이 없었던, 태자에게는 실로 거역할 수 없는 충격을 주었던 사건으로 기록됩니다.

자! 태자는 이 세상을 어떤 눈으로 보았을까요? 이 질문으로 다시 돌아가 보겠습니다. 사문유관을 통해 태자는 이 세상이 늙음과 죽음으로 뒤덮여 있음을 보았습니다. 이는 그 누구도 피할 수 없는 가장 근원적인 고통으로 그에게 각인됩니다. 아마도 모친의 죽음은 이미 이러한 결과를 예시한 것일지도 모릅니다.

이 늙음과 죽음의 고통이 얼마나 태자를 괴롭게 했는지 훗날 붓다가 되어 제자들에게 하신 말씀을 통해 짐작해 볼 수 있습니다.

> 참으로 사람의 목숨은 짧으니 백 살도 못되어 죽는구나. 아무리 더 산다고 해도 결국은 늙어 죽고야 마는구나.(Sn. 804)

> 이 세상 어디도 안전하지 않구나. 세상 모든 곳이 흔들리고 있구나. 나는 스스로 의지할 곳을 찾았으나, 이미 죽음과 고통에 점령되지 않은 곳을 보지 못했다.(Sn. 937)

세상을 호령하던 진시황도, 유럽을 공포에 몰아넣으며 역사상 가장 넓은 영토의 제국을 건설했던 칭기즈칸도, 그리스의 문명을 인도에 전해 주었으며 유럽에 마케도니아제국을 건설했던 알렉산더도 결국은 죽음의 문턱에서 그들의 야망을 접어야 했습니다. 더욱이 패기 넘치던 알렉산더는 늙음을 경험하지도 못하고 꽃다운 나이에 삶을 마감해야 했습니다.

이 세상에 죽지 않는 사람이 없다는 사실을 태자만큼 가슴 절절히 느꼈던 사람이 과연 누가 있을까요. 인류 사상사 전체를 통틀어서 그 누구도 붓다보다 더 어둡고 풍부한 감정을 가지고 인간 존재의 비참함을 묘사한 사람은 없었다고 단언한 인도의 철학자 라다크리쉬난S. Radhakrishnan. 그의 말을 굳이 빌리지 않더라도 늙음과 죽음에 점령되지 않은 곳을 찾지 못했다는 붓다의 말씀에는 한계상황에 부딪혀 안절부절못하는 가련한 인간의 모습이 너무도 생생히 묻어납니다.

태자는 이러한 근원적 고통에 대한 뼈저린 자각을 통해, 화려한 세속의 삶을 버리고 고난한 출가수행의 길을 택하게 됩니다. 인류 역사상 가장 위대한 버림의 길은 이렇게 시작되었던 것입니다.

"아! 이 세상은 고통으로 가득 차 있구나. 어디에서 안락을 찾을 것인가."

태자가 출가에 앞서 스스로 와 세상에 던진 마지막 말은 이것이 아니었을까요.

02

그것은 진정한 고통으로부터 벗어난 경지가 아님을 알고 두 스승의 곁을 떠나게 됩니다.

깨달음의 길을 찾아 떠나다

세상은 고통으로 가득 차 있으며, 모든 사람들은 욕망에 가득 찬 눈으로 세상을 바라보고 있음을 간파한 고따마 태자. 그는 욕망이 곧 고통으로 이끄는 것임을 알고 욕망의 상징인 궁을 떠나 집 없는 자, 곧 출가수행자가 됩니다.

아리따운 아내 야소다라의 품안에서 고이 잠들어 있는 아들 라훌라를 보며, 태자의 마음은 흔들리기는커녕 정녕코 고통에서 벗어나는 방법을 찾아내고야 말겠다는 결심을 새로이 합니다. 그의 나이 스물아홉

때의 일입니다.

둥근 달이 비치는 길을 따라 궁을 벗어난 태자는 스스로 머리를 자르고 사람들이 버린 누더기 옷을 걸치고는 라자가하Rājagaha, 王舍城; 현재의 비하르주 라지기르로 향하였습니다. 그의 발걸음은 당당하였으며 기품을 잃지 않았습니다. 태자를 본 마가다국의 왕 빔비사라왕은 고따마를 찾아가 이야기를 하는 중에, 그의 식견과 인품을 높이 사 함께 나라를 다스릴 것을 권유하였다고 전합니다.

그러나 고따마는 자신은 늙음과 죽음을 벗어나는 길을 찾는 수행자임을 다시 한번 말하고는 길을 재촉합니다. 빔비사라왕은 그런 그를 향해 깨달은 이가 되면, 자신을 먼저 찾아줄 것을 당부하며 헤어짐을 아쉬워했습니다.

수행자 고따마가 깨달음을 얻어 그 가르침을 널리 세상에 알릴 때가 되었을 때, 빔비사라왕은 그의 든든한 후원자가 된 인물이었습니다. 그 둘의 만남은 그렇게 앞으로의 역사를 예고하듯 지나갑니다.

《맛지마 니까야》의 〈성구경 Ariyapariyesanā-suttanta〉에 따르면, 수행자 고따마가 먼저 찾아간 수행자는 알라라 깔라마 Āḷāra Kālāma와 웃다까 라마뿟따 Uddaka Rāmaputta라고 하는 두 수행자였다고 합니다. 고따마는 그들의 제자가 되어, 이들이 주장하는 최고의 선정을 배우게 됩니다.

이미 어린 시절 깊은 삼매를 경험할 정도로 뛰어난 집중력과 영민함을 지녔던 고따마는 곧 이들의 경지에 이르렀지만, 그것은 진정한 고통으로부터 벗어난 경지가 아님을 알고 두 스승의 곁을 떠나게 됩니다.

03 고행을 통해 해탈을 구하다

수행자로서 고따마가 얼마나 철저하게 고행을 실천했는지 조금이나마 짐작해 볼 수 있습니다.

고행은 말 그대로 육체적 고통이 수반되는 수행을 말합니다. 빨리어로는 따빠tapa라고 하는데, '열'을 기본적 의미로 하는 단어입니다. 육체적인 고통은 열을 수반하기 때문이라고 합니다.

여하튼 고따마는 두 스승을 떠나 본격적인 고행을 시작합니다. 경전의 기록에 따르면, 네란자라강 가 주변의 숲에서 고행을 시작하였다고 전합니다.

이때 수행자 고따마와 같이 수행한 다섯 명의 고행자들이 있었으니, 후에 다섯 비구라 불리는 최초의 제자가 되는 분들입니다. 일설에는 이들은 부왕이 태자의 안위를 걱정하여 보낸 사람들이라는 견해도 있으나 사실 여부는 확실치 않습니다.

고행을 시작한 수행자 고따마는 다섯 고행자들이 보기에도 처절하리만큼 혹독한 고행을 하였다고 합니다. 오죽했으면, 신들조차도 '수행자 고따마는 죽었다'고 생각했을까요. 그러한 정황을 《맛지마 니까야》의 〈마하싸짜까숫따 Mahāsaccakasutta〉에서 자세히 전하고 있습니다.

그 경에서는 "사문 고따마는 죽었다 kālakato samaṇo Gotamo ti"라는 구절이 나옵니다. 이 경의 기록에 따르면 고따마는 호흡이 정지된 삼매 수행을 하였는데, 이 모습을 보고 신들이 '고따마는 죽었다' '아직 죽지 않았으나 거의 죽어가고 있다'라는 이야기를 주고받는 모습이 그려져 있습니다.

태자는 이 외에도 극단적인 단식을 통한 수행도 겸하였다고 합니다. 우리들이 현재 파키스탄의 라호르 박물관에서 볼 수 있는 고행상을 보면, 수행자로서 고따마가 얼마나 철저하게 고행을 실천했는지 조금이나마 짐작해 볼 수 있습니다.

    그러나 이러한 극심한 고행에도 불구하고 그토록 갈구하는 완전한 고통으로부터의 해탈은 이루지 못하였습니다. 결국 고따마는 고행을 포기합니다. 고행을 포기한 그는 네란자라강으로 내려가 몸을 씻고는 수자따라고 불리는 처녀의 공양을 받고 몸을 추스르게 됩니다. 이를 본 다섯 고행자들은 사문 고따마는 타락했다고 비난하며 떠나갑니다.

04 고행을 포기하다

극심한 신체적 고통의 감내를 통해서만 깨달음을 얻을 수 있다고 하는 '편협된' 수행관의 포기를 말하는 것입니다.

그런데 고행을 포기했다는 것은 무엇을 의미하는 것일까요. 수행은 기본적으로 고행입니다. 수행은 자신을 질적으로 바꾸는 길입니다. 그것은 그냥 얻어지는 것이 아니라, 피나는 정진이 있어야 가능한 것입니다. 그럼 고따마가 포기한 고행은 무엇일까요. 그것은 앞서 언급한 대로 극심한 신체적 고통의 감내를 통해서만 깨달음을 얻을 수 있다고 하는 '편협된' 수행관의 포기를 말하는 것입니다.

훗날 부처님이 되어 당신의 마지막 수행을 회상하

는 장면을 보면, 고행을 포기한 후 수행의 모습이 어떠했는지 알 수 있습니다.

> 나에게는 신념이 있고 정진이 있고 또 지혜가 있다. 이처럼 마음을 올곧게 다잡고 있는 나에게 그대는 어찌하여 생명을 보존하는 것을 묻는가?(Sn. 432)

> 이 [정진의] 바람이 강의 흐름조차도 마르게 할 것이다. 하물며 스스로 정진하는 나의 피가 어찌 마르지 않겠는가.(Sn. 433)

이 내용은 악마 나무치가 수행하고 있는 고따마에게 수행을 그만두고 공덕을 쌓을 것을 권하는 것에 대한 대답으로, 보리수 아래에서 결코 물러나지 않겠다는 결심으로 수행에 정진할 때의 모습을 전해주고 있습니다. 설령 죽을지언정 깨달음을 위한 수행을 포기하지 않겠다는 결연한 자세를 보여줍니다.

이것은 물론 앞의 고행과는 차원이 다른 것입니다. 외적으로 본다면, 고행은 신체를 유지할 수 없을 만큼 스스로를 괴롭히는 것인 반면에, 고따마가 새로이 선택한 수행은 맹목적으로 자신을 극심한 고통으로 몰아넣는 것이 아니라, 자신의 몸과 마음을 온전히 통제하는 것을 전제로 하는 수행입니다.

이러한 수행은 극단적이고 맹목적인 추종이 아닌, 비판적이며 자기 성찰적인 특징을 갖습니다. 이러한 수행의 특징을 고행을 포기한 후, 수행자 고따마가 택한 수행방법을 통해서 확인할 수 있습니다.

다섯 고행자가 떠난 후, 고따마는 보리수 아래에 앉아 다시금 깨달음에의 강렬한 의지를 불태우며, 고도의 정신 집중을 요하는 명상 수행에 정진합니다. 이는 그가 어렸을 때, 부왕을 따라 농번기 행사에 참여했을 당시 나무 그늘 아래에서 경험했던 선정과 다르지 않았다고 후에 부처님은 회상합니다.

깊은 선정에서 우러나오는 기쁨과 만족감$_{pītisukha}$을 회상한 고따마는 바로 '내가 왜 선정에서 경험되는 기쁨과 만족감을 두려워해야 하는가?'라고 스스로에게 반문합니다. 그리고 그 선정을 더욱 깊이 수행하기로 합니다. 선정이 주는 기쁨과 만족감을 두려워하며 회피할 필요가 없다고 생각한 것이지요. 아마도 고따마는 이러한 유의 기쁨과 만족감을 바람직하지 않은 것으로 생각했던 것 같습니다. 그래서 6년 간 극심한 고통을 견디는 고행을 택했던 것이 아닐까요?

이런 선정 수행을 시작한 지 그리 오래 되지 않았을 때였습니다. 고따마는 그의 이름처럼 '모든 것을 이룬 자, 싯닷타Siddhattha'가 되었으며, 모든 고통을 정복한 승리자Jina가 되었으며, 모든 진리를 깨달아 마친 각자Buddha가 되었으며, 신과 인간에게 공양받기에 진정 어울리는 사람Arahat이 되었습니다.

이때 그의 나이 서른여섯이었습니다. 이때부터 고따마는 더 이상 '벗Avuso'이라고 불리지 않고 '여래Tathāgata' '각자Buddha'로 불리게 됩니다.

05

더 이상 어떠한 번뇌도 남아 있지 않은, 모든 속박으로부터 해방된 부처님은 그 자유를 마음껏 만끽하였습니다.

온전한 자유를 구현하고 노닐다

부족함이 없는 완전한 깨달음을 성취한 붓다는 고요한 선정의 단계에서 머물며, 자신이 성취한 깨달음의 내용을 음미하고 또 음미하였습니다. 진실로 자신이 원만하고 완벽한 깨달음을 성취한 것인지 확인하고 또 확인합니다. 그리고는 마침내 위대한 선언을 하게 됩니다.

> 나는 완벽한 깨달음을 성취한 자가 되었다. 나에게 더 이상 재생은 없으며, 이것이 나의 마지막 태어남이다. 나는 해야 할 바를 모두 마쳤으며, 불사의 문을 열었다.(Vin I, p.7)

수행자 고따마가 깨달음을 성취한 이후 그 나무는 보리수라 불리게 되었으며, 그 곳은 보디가야라는 이름으로 불리게 되었습니다.

더 이상 어떠한 번뇌도 남아 있지 않은, 모든 속박으로부터 해방된 부처님은 그 자유를 마음껏 만끽하였습니다. 그리고는 자신이 깨달은 내용의 심오함으로 말미암아 번뇌에 물든 사람들은 이를 알지 못할 것이라고 생각하고는 어떠한 자취도 남기지 않는 적멸에 들고자 결심합니다.

> 참으로 힘들게 성취한 진리를 왜 내가 지금 설해야 하는가.
> 탐욕과 미움에 사로잡혀 있는 자들은 이 진리를 이해하기 힘들다.
> [이 진리는] 흐름을 거슬러 올라가고, 오묘하고 심오하며, 보기 어렵고, 미세하다.
> 어둠의 더미로 뒤덮인 탐욕에 물든 사람들은 보지 못한다.(SN. I, p.136)

06

브라흐만의 간청(범천권청)

존귀한 분이시여, 세존께서는 법을 설하여 주시옵소서.
선서께서는 법을 설하여 주시옵소서.

존귀한 분이시여, 세존께서는 법을 설하여 주시옵소서.
선서께서는 법을 설하여 주시옵소서.
적은 티끌을 갖고 태어난 사람들이 있으니
법을 듣지 못한 자들은 타락할 것이지만, 법을 들으면 어떤 자들은 이해할 것입니다.(Vin I, p.5)

율장 대품에는 브라흐만이 부처님께 설법해 주실 것을 간청하는 이야기가 있습니다. 같은 이야기가 《상윳따 니까야Saṃyutta Nikāya》 1권에 〈범천 상응Brahma-saṃyutta〉에도 나옵니다. 이것을 '범천권청의 이야기'

라고 합니다.

본래 브라흐만Brahmā. 산스끄리뜨 표기로는 Brahman은 인도 신화에 나오는 절대자였습니다. 그러나 불교에서 바라문교의 절대자를 불법을 수호하는 신으로 격하시켜 수용해 버립니다. 이것은 불교가 다른 나라로 전파될 때, 그 지역의 토속신앙과 쉽게 결합하는 것과 관련해 생각해 보면 되겠습니다.

여하튼 브라흐만 신은 부처님께서 정각을 성취하신 뒤, 그대로 열반에 들려 하자 부처님께 법을 설하여 주실 것을 세 번에 걸쳐 간곡하게 간청합니다. 그래서 부처님은 커다란 자비심을 갖고 진리의 눈[法眼]으로 세상을 살펴보셨습니다.

이 세상에는 번뇌의 더러움에 적게 물든 자도 있고, 많이 물든 자도 있었습니다. 예민한 감관을 지닌 사람이 있는가 하면 둔감한 감관을 지닌 사람도 있었습니다. 좋은 성품을 지닌 사람이 있는가 하면 나쁜 성품을 지닌 사람도 있었습니다. 또한 가르치기 쉬운 영민한 사람이 있는가 하면 가르치기 어려운 사람도 있었습니다. 이렇게 세상 사람을 관찰하시고는 드디어 당신이 깨달은 최상의 진리를 설하기로 결심하게 됩니다.

> 귀 있는 자들에게 불사(不死)의 문이 열렸다. [잘못된] 믿음을 버려라.(Vin I, p.7)

불사의 문, 즉 죽음이 없는 문이라고 하는 것은 바로 부처님께서 늙음과 죽음이라고 하는 인간의 한계상황을 극복했음을 나타내는 말입니다. 부처님은 태자 시절 부왕에게 "늙고 죽지 않는 방법을 알려 주시면 출가를 포기하겠습니다"라고 말했지요. 그 말대로 부처님은 스스로 죽음이 없는 경지를 깨닫고 그것을 선언하신 것입니다.

부처님께서 선언하시고, 널리 알리고자 하신 불사의 경지는 기존의 잘못된 믿음을 갖고서는 획득할 수 없는 것입니다. 기존의 잘못된 믿음이란 무엇일까요. 그것은 바로 바라문교를 비롯한 당시의 다양한 종교나 사상에 대한 믿음을 말합니다.

그럼 부처님께서는 다른 종교나 사상에 대해서 배타적인 자세를 취한 것일까요? 그렇지 않습니다. 부처님께서 다른 종교나 사상에 대해서 비판하신 것은 두 가지 관점에서입니다.

> 첫째, 영원불멸의 자아가 존재한다고 하는 것
> 둘째, 도덕을 부정하고 죽으면 모든 것이 끝이라고 생각하는 것

전자를 상주론常住論이라고 하고, 후자를 단멸론斷滅論이라고 합니다. 당시 바라문교는 상주론의 입장을 대변하는 종교였으며, 부처님 당시의 많은 자유사상가들은 단멸론이나 회의론을 주장하기도 하였습니다.

경전에서는 이를 '육사외도'라는 말로 표현하고 있습니다. 부처님 10대제자 중 사리불존자와 목련존자 역시 처음에는 육사외도의 한 사람이었던 불가지론을 주장한 산자야의 제자였습니다.

그 외에 도덕부정론을 주장한 사람으로는 아지따 께싸깜발라와 뿌라나 깟싸빠가 있고, 운명결정론을 주장한 사람으로는 막칼리 고쌀라가 유명합니다.

부처님은 이러한 사람들이 주장하는 잘못된 믿음을 근거로 해서는 결코 죽음이 없는 경지를 얻지 못한다는 것을 말씀하신 것입니다. 특히 경계하신 것은 도덕을 부정하고 욕망이 이끄는 대로 사는 것을 주장한 것이나, 모든 것이 다 운명이라고 생각하는 것이었습니다.

이러한 맥락에서 다시 브라흐만 간청의 이야기를 생각해 보면, 이 이야기는 부처님 자신의 갈등을 문학적으로 표현한 것으로도 이해될 수 있습니다.

부처님 말씀처럼 당신의 깨달음은 보통 사람들은 이해하기 어려운 것이었습니다. 그래서 사람들에게 깨달음의 내용을 설하는 것은 괜한 수고가 아닐까라는 생각과, 이것을 설하면 반드시 이해하는 사람이 있을 것이고 그러면 그 사람은 깨달을 것이라는 생각이 부딪쳤을 것입니다.

그러한 갈등이 브라흐만 간청이라는 형식으로 표현된 것일 수도 있습니다. 어찌되었든, 부처님은 대자비로 설법을 결심하신 것이고 그 덕분에 우리는 부처님의 가르침을 통해 참다운 행복이 무엇인지를 알 수 있게 되었으니 얼마나 다행인지 모르겠습니다.

07

부처님은 애초에 고통을 극복하여, 그 고통으로부터 완전한 자유를 획득하는 것을 목표로 삼았습니다.

부처님은 깨달음을 얻고자 출가하신 것일까

"부처님은 깨달음을 얻고자 출가하셨을까?"라는 질문이 과연 타당한 질문일까요? 혹자는 말할 것입니다. "그걸 말이라고 하나? 부처님이 깨달음을 얻고자 하지 않았다면 왜 출가하셨을까? 그 분은 위없는 깨달음을 얻어 부처님이 되신 것이고, 우리는 그 분께서 그러셨던 것처럼 깨달아 부처가 되어야 한다."

이 말에 대해서 누가 부정할 수 있겠습니까. 필자가 이 주제를 든 이유는 부처님은 깨달음을 구하지 않으셨다는 것을 말하고자 하는 것이 아닙니다. 다만, 한국불교의 '깨달음 지상주의'에 대해 말하고 싶어서입니다.

부처님은 태자 시절 출가하신 이유를 명확히 밝히고 계십니다. 이는 앞에서도 잠시 언급하였지만, 명확히 표현하면 '늙음과 죽음'의 문제를 어떻게든 해결하고자 했기 때문입니다.

늙음과 죽음은 달리 표현하면, '고통'이며, '번뇌'입니다. 인생사고人生四苦라는 말이 의미하는 것이 '태어남·늙음·병듦·죽음'이듯이, 이 네 가지는 생명체가 짊어지고 가야 하는 숙명적인 고통의 내용들인 것이지요.

그럼 고통은 왜 극복되어야 하는가? 아니 고통이 왜 나쁜 것인가라고 되묻는 사람이 있을지도 모르겠습니다. 고통은 그것으로 인해 몸과 마음의 안락함이나 편안함을 깨뜨리기 때문에 부정적인 것입니다. 그로 인해 수많은 부정적인 마음작용들이 수반되게 됩니다. 그래서 고통은 '번뇌Klesa'와 동의어로 쓰입니다.

다시 질문으로 돌아가 보죠. 부처님은 깨달음을 구

하기 위해 출가하셨을까요? 답은 '그렇다'입니다. 그러나 조금 더 생각해 보면, 깨달음을 추구하기 이전의 태자가 갖고 있던 문제의식은 깨달음보다는 오히려 '늙음과 죽음'이라는 인간이 짊어진 숙명적인 문제에 초점이 맞추어져 있다고 할 수 있습니다. 이것이 갖는 의미는 대단히 중요합니다.

왜냐하면 깨달음은 속성상 가장 원초적인 의미가 '알았다'라고 하는 지적인 측면이 강조된 것입니다. 즉 '진리를 깨달았다'는 '진리를 온전히 알았다'라는 것이 됩니다. 물론 이때의 앎이라는 것은 일반적인 앎과는 그 차원이 다릅니다.

이때의 앎은 기존의 삶이 방식이나 사고의 틀을 완전히 바꾸어 놓는 기능을 갖고 있기에, 그 기능면에서도 가히 혁명적인 결과를 초래하는 엄청난 것입니다. 이것을 쉽게 비유하자면, 가난뱅이가 로또 1등에 당첨되어 순식간에 그의 삶이 변하는 것과 같다고 할 수 있겠습니다.

한국불교가 깨달음을 중시하는 것은 바로 이러한 측면이 있는 것은 아닐까요? 깨달으면 모든 것이 해결된다고 하는 생각, 바로 이것이 현재의 한국불교의 저변에 짙게 드리워진 집단적인 무의식의 내용이 아닐까라는 생각을 지울 수 없습니다.

그럼, 부처님은 어떠셨을까요. 앞서 보았듯이 부처님은 애초에 고통을 극복하여, 그 고통으로부터 완전한 자유를 획득하는 것을 목표로 삼았습니다. 이것이 갖는 의미는 무엇일까요. 고통을 극복한다, 혹은 해결한다는 것은 그야말로 지난한 '수행'을 전제로 하는 것입니다. 자신의 내부에서 용암처럼 들끓는 온갖 고통의 내용, 즉 번뇌의 정체를 명확히 관찰하여 극복해 가는 과정이 배경에 놓여 있는 것이지요.

이것은 하루아침에 문득 해결되는 문제가 아닙니다. 자신과의 치열한 싸움을 통해 해결되는 성질인 것입니다. 그렇기에 후대 불교에서는 부처를 이루는 데 '삼아승지겁'이라고 하는 무한한 시간이 필요하다고 한 것입니다. 그만큼 나의 내부에 있는 번뇌가 무수히 많다는 것이겠지요.

이렇게 번뇌를 해결하는 데 초점이 맞추어지면, 깨달음을 못 얻었다고 조바심 내며, 자괴감에 빠질 필요가 없습니다. 나의 괴로운 마음 상태를 명확히 인식하고, 그 원인을 추구하여, 그 원인을 알아낸 뒤 그것을 해결하는 방법에 따라 수행하여 괴로운 마음 상태를 하나하나 해소해 가면 되는 것입니다. 그러면 그 해소된 상태에 대한 자각이 일어나게 되는데, 그것이 바로 깨달음이라고 하는 내용이 됩니다.

이러한 방식의 '깨달음'도 있는 것입니다. 이는 어느 날 갑자기 찾아오는 깨달음이 아닙니다. 그저 묵묵히 자기 자신에 대한 통찰과 실천을 계속해 나가는 과정 속에서 얻게 되는 그러한 '깨달음'인 것이지요.

현재 우리들에게 필요한 자세는 바로 이러한 자기 자신에 대한 통찰의 시간과 실천이 아닐까요. 그렇게 되면, 바깥 세상의 어수선함 속에서도 길을 잃지 않고 가야할 길을 묵묵히 갈 수 있는 힘을 얻게 되지 않을까요.
 이러한 내용을 '네 가지 성스러운 진리(사성제)'에서 보다 구체적으로 다루어 보도록 하겠습니다.

제2장

고통에서 벗어나는 길 :
중도의 길

01

부처님이란 무슨 의미?

이것이 명사화 되어서 '깨달은 자'를 나타내는 명사가 된 것이지요.

부처님이란 무슨 뜻일까요. 이 말을 나누어 보면, '부처+님'이 됩니다. '님'은 부모님이나 선생님과 같이 존경의 의미를 나타내는 접미사이죠.

그럼 '부처'는 무슨 뜻일까요. 부처는 붓다Buddha라고 하는 인도 고대어-빨리어와 산스끄리뜨어 모두 표기는 동일하다-에 대한 우리말 표기입니다. 이 말은 중국에서는 불佛, 불타佛陀, 각자覺者 등으로 번역되었습니다.

부처의 의미는 '붓다Buddha'라는 말을 통해서 알 수 있습니다. Buddha는 √budh라고 하는 어근에서 파생된 말입니다. 어근 √budh는 '깨닫다·알다'라는 의미입니다. 붓다는 이 어근의 과거분사형태로, '깨달은·알아진'이란 의미의 단어입니다. 이것이 명사화되어서 '깨달은 자'를 나타내는 명사가 된 것이지요.

따라서 부처님이란 '(진리를) 깨달으신 님'이란 의미가 됩니다. 본래 최초기 경전에 보면 Buddha라는 말은 석가모니 부처님에게만 쓰인 것이 아니라, 부처님의 제자들 가운데 깨달은 분들께도 사용된 단어임을 알 수 있습니다.

그리고 자이나교의 문헌에서는 사리불 존자를 '사리불 붓다'로 기록하고 있습니다. 따라서 붓다라는 말은 고유명사가 아니라 보통명사, 즉 우리들도 깨달으면 모두 붓다가 될 수 있다는 것을 말합니다.

이러한 정신을 잘 계승한 것이 바로 대승불교입니다. 대승불교의 모토가 '초기불교로 돌아가자'였다는 것은 잘 알려진 사실입니다.

그럼 무엇을 깨달으면 붓다가 될 수 있는 것일까요? 그것은 다름 아닌 '고통에서 벗어나는 길' 곧 '해탈의 길'로 나아가는 방법을 깨달으면 됩니다. 그리고 그 방법을 통해 스스로 '해탈'을 성취하게 되면 붓다, 즉 부처님이 되는 것입니다. 그럼 구체적으로 '해탈의 길'로 나아가는 방법이 무엇인지 살펴보도록 하겠습니다.

02

중도는 고행주의와 쾌락주의라는 패러다임을 완전히 벗어나서 새로운 패러다임을 제시한 것입니다.

고행주의와 쾌락주의를 버리다
: 중도의 길

부처님, 아니 아직 깨달음을 얻기 전의 수행자 고따마는 누구보다도 열심히 수행을 했습니다. 그 수행의 과정을 경전에서는 6년 고행이라고 하는 문학적 수사를 사용하여 표현하고 있습니다. 이 6년의 대부분의 시간을 고따마는 철저한 금욕에 바탕한 고행을 행합니다.

경전에 보면, 부처님은 스스로 얼마나 극심한 고행을 마다하지 않았는지, 그리고 그 결심이 얼마나 확고했는지를 술회하고 있습니다.

내 몸의 가죽, 힘줄, 뼈만 남는다 해도, 또는 내 몸의 살점과 피가 말라버린다 해도 인간의 용기, 인간의 노력, 인간의 결심에 의해 획득될 수 있는 것을 얻지 못하는 한 나의 정진 노력은 끈질기게 지속되리라.(SN. Ⅱ, p.28.)

태자의 고행은 실로 가혹하리만치 엄격했습니다. 부처님의 고행이 얼마나 극심했는가를 잘 표현하고 있는 고행상이 있습니다. 파키스탄 라호르 박물관에 소장되어 있는 고행상입니다.

그 묘사가 얼마나 사실적인지 보는 이로 하여금 입을 다물지 못하게 할 만큼 생생합니다. 휑한 눈에 살가죽만 남은 앙상한 뼈, 그리고 금방이라도 튀어나올 듯한 핏줄, 얼마나 극심한 단식을 했으면 저렇게 될까 의문이 들 정도입니다. 바로 위의 인용문에 나와 있는 말씀이 과장이 아님을 짐작케 합니다.

이때 보살은 하루에 한 알의 오마(烏摩)를 먹었고, 혹은 쌀 한 알, 작은 콩, 큰 콩, 강낭콩, 팥, 보리, 밀과 같은 것을

하루에 한 알씩 먹는 데 그쳤다.(《불본행집경》, T4, p.24중)

단식 고행의 모습을 보여줍니다. 거의 절식에 가까울 만큼 처절한 수행을 했음을 알 수 있습니다. 태자는 이러한 단식 고행만이 아니라, 극한적인 상황까지 호흡을 참는 수행을 하였습니다. 이른바 호흡 없는 수행입니다.

신들은 나를 보고 이렇게 말했다. "사문 고따마는 죽었다." 어떤 신들은 이렇게 말했다. "사문 고따마는 죽지 않았다. 그러나 죽어가고 있다."(MN I, p.244)

이렇듯 태자는 이외에도 당시 고행자들 사이에 회자되던 고행 가운데 힘들다고 하는 고행을 빠짐없이 행했다고 합니다. 바로 이러한 태자의 극심한 고행에 감동한 사람들이 부처님의 첫 번째 제자가 된 다섯 수행자들이었던 것이지요.

그러나 태자는 이러한 극심한 고행을 통해서 얻고

자 한 '해탈'은 얻을 수 없었습니다.

　태자는 고행을 잠시 멈추고는 쇠약해질 대로 쇠약해진 몸을 이끌고 네란자라강 가로 가 몸을 씻습니다. 그리고 수자타의 공양죽을 드시고는 잠시 몸과 마음을 추스르며 문제점이 어디에 있는지를 통찰합니다.

　결국 태자는 고행을 통해서는 고통을 극복할 수 없음을 자각합니다. 그리고는 그때까지의 고행을 과감하게 모두 포기하기에 이릅니다. 그러자 이를 본 다섯 수행자들은 태자를 타락한 수행자라고 비난하며 떠나게 됩니다.

　다섯 수행자가 떠난 후, 태자는 보리수 아래에 자리를 마련하고는 이제까지의 모든 과정을 되돌아봅니다. 그리고는 어린 태자 시절 경험했던 것을 회상합니다.

　　그때 악기벳사나여 나는 다음과 같이 생각했다. '나는 아버지 사카가 일할 때 시원한 잠부 나무 그늘에 앉아 있었던 것을 기억한다. 욕망을 일깨우는 대상들과 분리되고 해로운 속성들과 분리되어, 심사와 숙고를 동반한 기쁨과 즐거움의 (상태인) 첫 번째 정려에 도달하고 잠시 동안 거기에 머물렀다. 이것이 정각으로 가는 길일 수 있을까?' 이렇게 기억한 후, 악기벳사나여, 나는 생각했다. '내가 왜 욕망을 일깨우는 대상과 아무런 관련이 없고 해로운 속성과 아무 관련이 없는 이 행복을 두려워해야 하는가?' 그 후 악기벳사나여, 나는 생각했다. '욕망을 일깨우는 대상과 아무런 관련이 없고 해로운 속성과 아무 관련이 없는 이 행복을 두려워하지 않는다.'(MN I, p.246)

바로 '중도'의 발견입니다. 중도는 고행주의와 쾌락주의를 벗어난 결과입니다.

부처님 당시 인도 수행자들은 고행주의가 아니면 쾌락주의에 빠져 있었습니다. 고행주의는 특히 자이나교가 대표적이었습니다. 자이나교는 고행을 통해 업을 소멸시키지 않으면 해탈할 수 없다고 주장한 종교였지요.

그런데 더 큰 문제는 쾌락주의였습니다. 쾌락주의는 단멸론자들이 주장하던 주의입니다. 단멸론이라고 하면 이 세상은 죽으면 끝이라고 주장하는 이론을 말합니다. 죽으면 끝인데 굳이 고행을 하거나 윤리적으로 선하게 살 필요가 없다고 보는 것이지요.

아지따 께싸깜발라Ajita Kesakambala나 뿌라나 깟싸빠Pūraṇa Kassapa와 같은 이들이 대표적입니다. 이들은 선도 악도 없다고 주장했는데, 특히 뿌라나 같은 경우는 '남의 집에 침입하여 약탈하건, 남의 아내와 정을 통하건, 거짓말을 하건, 조금도 악행을 저지른 것이 아니다'라는 극단적인 주장을 한 사람으로 유명합니다. 윤리를 전면적으로 부정한 셈이지요.

부처님이 회상하시면서, '내가 왜 이 행복을 두려워해야 하는가?'라고 스스로 반문하듯 생각한 것은 바로 쾌락주의에 대한 깊은 경계를 나타내는 것입니다. 혹 나의 행복이 쾌락주의에서 오는 그런 행복과 유사한 것은 아닌지 생각해 본 것이지요.

그러나 곧 당신이 경험한 것은 욕망과는 전혀 상관없는 행복이기에 욕망을 자극하는 쾌락과는 관련 없음을 통찰하고는 '행복'을 가져다 준 방법이야말로 해탈의 방법임을 확신하게 된 것이지요.

이것이 바로 중도입니다. 극도로 자신을 괴롭히는 고행과 쾌락에 몸을 맡기며 욕망이 원하는 대로 사는 것을 모두 떠난 것으로 도덕적/윤리적 바탕 위에 깊은 정려靜慮 수행을 닦는 것입니다. 그래서 부처님이 정각을 성취하신 뒤, 가장 먼저 법을 설하실 때 중도의 내용으로 팔정도를 설하신 것입니다.

중도와 팔정도는 초전법륜을 전하는 경문에서 잘 나타나 있습니다. 초전법륜의 내용을 전하는 《율장》〈대품〉에 나오는 내용을 소개해 보겠습니다.

> 세존께서는 다섯 비구들에게 말씀하셨다.
> "비구들이여, 출가자에 의해서 이들 두 가지 극단이 실천되어서는 안 된다. 두 가지란 무엇인가. 욕망의 대상에 대해서 욕망과 쾌락에 사로잡히는 것은 열등한 것이며, 비천한 것이며, 속된 것이며, 성스러운 것이 아니며, 이익에 부합하지 않는 것이다. 스스로 고행을 실천하는 것은 고통이며, 성스러운 것이 아니며, 이익에 부합하지 않는 것이다.

실로 비구들이여, 이들 두 가지 극단에 다가가지 않고, 여래에 의해서 잘 깨달아졌으며, 깨달음의 눈을 만들고, 지혜를 만드는 중도는 적정을 향해, 뛰어난 지혜를 향해, 정각을 향해, 열반을 향해 작용한다.

그러면 비구들이여, 어떻게 여래에 의해 잘 깨달아졌으며, 깨달음의 눈을 만들고, 지혜를 만드는 저 중도가 적정, 승지, 정각, 열반으로 이끄는가? 실로 성스러운 여덟 가지 길이 적정, 승지, 정각, 열반으로 이끈다. 이것은 다음과 같다. '정견, 정사, 정어, 정업, 정명, 정정진, 정념, 정정'이다."(Vin I, Māhavagga, p.10)

여기에서 붓다는 앞서 언급했던 고행주의와 쾌락주의를 욕망에 사로잡힌 것으로써 열등하고 비천하며, 속된 것이라고 강한 어조로 비판하고 있습니다. 이 두 가지 방법으로는 열반/해탈은 결코 얻을 수 없음을 다섯 비구에게 말씀하신 것이지요.

그리고 대안으로 제시한 것이 바로 '중도'입니다. 중도는 고행주의와 쾌락주의라는 패러다임을 완전히 벗어나서 새로운 패러다임을 제시한 것입니다. 획기적인 사고의 전환이라고 할 만하죠. 그 패러다임이 바로 팔정도인 것입니다.

제3장

해탈의 문 : 팔정도

01

팔정도를 수행하면 누구를 막론하고 부처님이 성취한 것을 얻어 부처가 될 수 있습니다.

팔정도를 어떻게 보아야 하는가

고따마 태자의 출가 목적은 모든 고통으로부터의 해방, 구체적으로 늙음과 죽음으로부터의 해방이었음을 여러 번 언급했습니다. 우리가 태자와 같이 늙음과 죽음을 벗어나 진정한 자유와 해탈의 경지를 얻을 수 있을까요? 물론 정답은 '얻을 수 있다'입니다.

그것을 가능케 하는 것이 바로 팔정도, 여덟 가지 바른 방법/길이지요. 팔정도를 수행하면 누구를 막론하고 부처님이 성취한 것을 얻어 부처가 될 수 있습니다.

그런데 우리는 팔정도를 수행하여 부처가 될 수 있다는 것을 종종 잊고 있는 것 같습니다. '팔정도' 하면 단순히 '윤리적인 어떤 것'으로 이해하고 있는 것이지요. 적어도 필자는 그랬습니다.

그러나 팔정도는 단순히 윤리적인 차원의 것이 아닙니다. 바로 깨달음으로 가는 문이자 해탈로 가는 문인 것입니다. 다른 표현으로 팔정도는 단순히 바르게 살자는 도덕론이 아니라 해탈을 위한 수행도修行道인 것입니다.

그런데 기존의 팔정도의 해석을 보면 다른 것은 차치하더라도 정명正命을 '올바른 생활' 혹은 '올바른 생계'로 번역하면서 재가자의 올바른 생계 수단으로 제시하고 있습니다.

과연 그럴까요? 팔정도는 다섯 비구에게 처음으로 설법된 내용입니다. 다섯 비구에게 팔정도를 가르치면서 왜 재가자의 올바른 생계 수단을 돌연 말씀하셨을까요? 논리상 말이 안 되지요.

이미 출가하여 해탈을 구하고자 극심한 고행을 하고 있었던 다섯 비구들에게 무기 거래나 다른 생명을 죽이는 직업, 혹은 술이나 마약 등을 거래하는 직업에 종사해서는 안 된다고 설할 필요는 없을 것입니다. 오히려 출가수행에 있어 바람직한 생계 수단이 무엇인지를 말씀하셨을 것입니다.

팔정도가 해탈도인 이상 단순히 윤리적인 차원으로만 이해해서는 안 됩니다. 앞서 언급했듯이 윤리적인 성격이 짙은 것은 사실입니다. 그러나 윤리가 팔정도의 핵심을 이루는 것은 아닙니다.

팔정도는 여덟 가지 바른 길입니다. 여기서 '바른' 혹은 '올바른'이라는 말은 빨리어 쌈마sammā에 대한 번역어입니다. 이 말은 뒤에 오는 명사들을 한정하는 말로 강조점은 명사에 있는 것이지요.

따라서 바른 '견해'라고 하면 잘못된 견해를 바로잡아 바르게 한다는 의미가 있는 것입니다. 여기에서 잘못된 견해를 '바로잡는 것'은 그 누구도 아닌 바로 우리 자신의 비판적 사고를 통해서입니다.

《맛지마 니까야》에는 부처님이 바라문 브하라드와자Bhāradvāja에게 진리를 깨닫게 되는 방법을 말씀하시는 내용이 나옵니다. 부처님은 "깨달은 이에 대한 존경심으로, 그의 가르침에 귀를 기울인다. 그리고 가르침을 듣고는 그 의미를 생각한다. 그리고는 더욱 깊이 심사숙고해야 한다"(MN.II, p.173)고 말씀합니다.

이것은 단순히 깨달은 이의 말씀이라고 해서 무조건 따르는 것은 진리를 깨닫는 데 바람직하지 않음을 말씀하신 것입니다. 하물며 일반 사람들의 말이야 어떠하겠습니까. 깊이깊이 생각하여 그 말을 받아들여도 좋은지 아닌지를 따져보아야 합니다.

이렇게 생각하는 것을 비판적 사고라 합니다. 불교는 부처님 말씀이라고 해도 비판적으로 깊이 따져볼 것을 권장합니다. 그것을 통해 진실한 이해가 생기는 것이고, 그래야만이 부처님의 가르침을 진정으로 실천하고자 하는 의욕이 생겨나기 때문입니다.

팔정도의 정견은 바로 이런 의미를 갖고 있습니다. 그래서 팔정도는 단순히 윤리적인 것이 아닙니다. 정견을 바탕으로 해탈을 추구하는 해탈도이자 수행도인 것입니다. 윤리는 해탈을 성취하는 데 있어 필요조건이긴 하지만 필요 충분한 조건은 아닙니다.

02 팔정도 수행의 두 가지 특징

하나는 바른 삼매를 정점으로 하는 '정려 수행도'이고, 다른 하나는 계정혜 삼학으로 구성되는 '위빳싸나 수행도'입니다.

그럼 팔정도는 어떤 성격의 수행일까요. 요즘 우리는 수행에 대한 많은 이야기를 듣습니다. 한국불교의 정체성을 살리기 위해 '간화선'을 재정립해야 한다는 말도 들립니다. 일각에서는 '위빳싸나 Vipassanā' 수행을 적극적으로 도입해야 한다는 주장도 있습니다.

그뿐이 아니죠. 지극한 마음으로 불보살님을 염念하는 염불 수행, 경을 베끼는 사경 수행, 절 수행 등등 많은 수행법들이 있습니다.

팔정도 역시 많은 수행법들 가운데 하나입니다. 그

런데 팔정도는 두 가지 수행체계로 언급될 수 있습니다. 하나는 팔정도의 나열 순서대로 '바른 삼매'를 정점으로 하는 수행체계인 '정려 수행도'이고, 다른 하나는 계정혜 삼학의 체계로 구성되는 '위빳싸나 수행도' 입니다.

위빳싸나 수행은 부처님 재세시부터 수행자들이 널리 닦은 수행법으로 유명합니다. 당시 인도 종교 전통에서는 찾아볼 수 없었던 불교의 독창적인 수행 방법으로 평가되고 있지요.

그런데 정려 수행은 다릅니다. 정려는 자나jhāna를 음사한 것으로 선정禪定 수행이라고 할 수 있습니다. 이것은 당시 인도의 여러 종교 전통에서 유행하고 있던 수행법이라고 합니다. 즉 불교가 존재하기 이전부터 있었던 수행방법인 것이지요.

그런데 부처님은 이 수행법을 받아들여 그 내용을 완전히 불교적으로 재해석하여 시스템화 하셨습니다. 그래서 부처님이 출가 직후 외도의 두 스승으로부터 선정을 배웠으나, 만족하지 않고 버렸다고 하는 선정 수행과는 다른 것입니다. 이런 이유로 이 책에서는 부처님께서 수행한 선정 수행을 정려 수행이라는 말로 표현하여 구분하고 있습니다.

한편 부처님이 당시의 선정 수행을 '수정주의修定主義'라고 비판했다는 것은 유명한 일입니다. 왜 비판했을까요. 선정 상태에 들었을 때는 온갖 번뇌로부터 해탈된 듯하지만 다시 평상심으로 돌아왔을 때는 번뇌로부터 자유롭지 못하기 때문에 비판한 것입니다.

그러나 부처님이 닦은 선정, 즉 정려 수행은 이른바 4정려 수행으로 외도의 스승에게서 배운 선정과는 성격이 다르며, 또한 부처님은 앞서 말했듯이 정려 수행의 내용을 완전히 불교화하여 온전히 번뇌를 끊는 수행법으로 체계화 하였던 것입니다.

그러므로 부처님이 정각을 이룬 것은 정려 수행을 통해서라고 말할 수 있는 것이죠. 이른바 색계 4선과 무색계 4선으로 나누는 것이 있지만, 현재 학계의 일반적인 견해는 무색계 4선은 후대에 부가된 것으로 봅니다. 《숫따니빠따》와 같은 경전을 보면, 부처님은 이 무색계 선정 수행을 결코 장려하지 않습니다.

그럼 정려 수행과 위빳싸나 수행에는 어떤 차이가 있을까요. 간단히 말하면 위빳싸나는 지혜를 계발하여 무지를 밝힘으로써 해탈을 성취하는 방식입니다. 이에 반해 정려는 갈애, 탐욕, 분노, 성적 욕망, 아만 등의 정서적 번뇌를 제거함으로써 해탈을 성취하는 방식입니다. 해탈을 성취하는 방법이 약간 다름을 알 수 있지요. 따라서 수행법에 따라 팔정도를 이해하는 방식도 달라집니다.

정려 체계에서의 팔정도의 이해 방식은 나열 순서대로 정견으로 시작하여 정정으로 끝납니다. 즉 바른 정려 수행을 정점으로 해서 구축된 수행체계인 것입니다. 따라서 정견부터 정념에 이르는 일곱 가지 수행은 바른 정려/삼매인 정정에 들기 위한 예비단계라고 볼 수 있습니다.

반면 위빳싸나 체계에서 보면 다릅니다. 위빳싸나에서는 다른 무엇보다 '지혜'가 중요시 됩니다. 그래서 위빳싸나 체계는 '계→정→혜' 삼학의 형식으로 수행법을 체계화 합니다.

따라서 팔정도 역시 삼학에 따라 재배열하여 이해해야 합니다. 그러면 기존의 나열 순서는 의미가 없어지게 되죠. 삼학에 맞추어 배열하면 다음과 같이 됩니다.

계 : 바른 언어, 바른 행위, 바른 생계
정 : 바른 정진, 바른 주의집중, 바른 선정
혜 : 바른 견해, 바른 사유

이렇게 되면 팔정도는 정견_{바른 견해}을 정점으로 해서 구축된 수행체계가 되는 것입니다. 따라서 정려 체계일 때와 위빳싸나 체계일 때의 정견의 위상은 사뭇 다르게 됩니다.

이 책에서는 이러한 이유로 팔정도를 정려 체계로 이해할 때와 위빳싸나 체계로 이해할 경우로 구분해서 기술하고자 합니다.

  우선 정려 체계에 따라 팔정도를 기술하는데 바로 이 장의 내용이 됩니다. 그리고 위빳싸나 체계를 따라 기술하는 것은 5장의 내용인 삼학에서 다루도록 하겠습니다.

03
바른 견해

팔정도에서 바른 견해는 중도적인 견해와 부처님에 대한 믿음이라고 할 수 있겠습니다.

"그대는 고행을 통해 인간을 뛰어넘는 법과 가장 특별한 지식과 견해를 증득하지 못했습니다. 어떻게 타락하고, 노력을 포기하고, 사치에 빠진 당신이 지금 여기에서 인간을 뛰어넘는 법과 가장 특별한 지식과 견해를 증득한단 말입니까?"

"비구들이여, 여래는 타락한 자가 아니며, 노력을 포기한 자가 아니며, 사치에 빠진 자가 아닙니다. 비구들이여, 나는 아라한, 여래, 정등각자입니다. 비구들이여, 귀를 기울이시오. 불사에 도달한/불사를 증득한 나는 가르칠 것입니다. 나는 법을 설할 것입니다."

다섯 수행자와 부처님이 녹야원에서 다시 만났을 때 나눈 대화의 일부분입니다. 다섯 수행자의 불신과 부처님에 대한 비난의 태도를 엿볼 수 있습니다. 다섯 수행자가 자신들의 견해를 바꾸어 부처님의 말씀을 들어보자고 마음을 내지 않는다면 그들은 부처님의 제자가 되어 해탈을 얻지 못했을 것이며, 승단이 구성되기까지는 조금 더 시간을 기다려야 했을 것입니다. 결과적으로 그들은 자신들의 생각을 바꾸어 '한 번 들어보자'는 마음을 내었지요.

그러자 부처님은 본격적으로 설법을 시작합니다. 가장 먼저 설한 것이 무엇일까요. 우리는 위의 대화에서 정견의 내용을 짐작해 볼 수 있습니다. 부처님이 다섯 비구에게 말씀하신 내용을 정리해 보도록 하겠습니다.

1. 여래는 타락한 자가 아니다.
2. 불사(不死)를 증득한 나는 법을 설할 것이다.

이 두 가지 사항에 대한 '신뢰'가 우선 전제되어야 하겠지요. 이것이 전제되지 않으면 다음 단계로 넘어갈 수가 없는 것은 당연합니다. 따라서 부처님은 쾌락주의에 빠져 타락한 것이 아니며, 그 분은 또한 죽음이 없는 경지를 온전히 증득하신 분이라는 사실에 대한 신뢰가 필요한 것입니다. 이것이 바로 '바른 견해'의 내용이라고 할 수 있습니다.

그런데 한 번 갖게 된 선입관이나 편견은 쉽게 버려지지가 않죠. '저 놈은 나쁜 놈이야'라는 생각을 갖게 되면 좀처럼 그 사람이 좋은 사람으로 보이지 않게 됩니다. 어떤 행동을 해도 '반드시 무슨 꿍꿍이가 있을 거야'라고 생각합니다. 그게 평범한 우리들의 모습일 것입니다.

> 견해에 대한 집착은 참으로 뛰어넘기 어려우니, 생각을 깊이 하더라도 독단을 고집하기 마련이다.(Sn. 785)

참으로 그렇습니다. 이것이 '옳다'라고 생각하면 다

른 것은 다 '옳지 못한 것'으로 보이고 또 그렇게 평가합니다. 이렇게 견해에 집착하면 거의 대부분 바른 판단을 하지 못합니다. 그래서 불교에서는 이러한 견해를 전도顚倒된 견해, 혹은 삿된 견해[邪見], 망상妄想이라고 부릅니다.

앞서 잠시 언급했듯이, 바른 견해는 '비판적 사고'를 통해 얻어집니다. 열린 마음으로 상대의 말을 듣고, 그것을 깊이 심사숙고하여 과연 옳은지 그른지를 판단하는 것이지요.

부처님이 다섯 수행자들에게 먼저 자신이 타락한 자가 아니라 깨달은 자이므로 귀를 기울여 달라고 부탁한 것은 단순히 자신의 말을 믿어달라는 말은 아니었습니다. 자신의 말을 '비판적'으로 생각해 보고 결정하라는 말이었던 것이지요.

그래서 부처님은 먼저 다섯 수행자에게 중도를 설합니다. 중도의 내용을 듣고 자신들이 갖고 있었던 부처님에 대한 생각이 옳은지 그른지를 판단하게끔 말입니다. 그 결과 다섯 수행자는 부처님이 타락한 수행자가 아니며, 부처님의 말씀대로 하면 그 분과 같은 경지에 도달할 수 있다는 믿음을 갖게 된 것이지요. 그런 신뢰를 바탕으로 부처님은 그 다음으로 팔정도를 설하신 것입니다. 그래서 팔정도에서 바른 견해는 중도적인 견해와 부처님에 대한 믿음이라고 할 수 있겠습니다. 이러한 바른 견해가 전제되지 않고는 이후의 7정도로 나아갈 수 없는 것은 당연할 것입니다.

> 바른 견해라는 것은 능히 바른 결심[正志]·바른 말·바른 행위·바른 생계·바른 방편·바른 주의집중·바른 삼매를 일으킨다. 바른 삼매를 일으키므로 붓다의 제자의 마음은 바르게 해탈하고 탐욕·성냄·어리석음과 같은 마음에서 잘 해탈한다.(《잡아함》 권28(T 2, p.198b))

《잡아함》의 내용을 통해서도 팔정도는 '바른 삼매'를 정점으로 해서 구축된 체계라는 것을 알 수 있습니다.

04 바른 결심

바람직한 결심은 바람직한 생각을 바탕으로 하며, 그것은 또 선한 사람을 통해 이루어지는 것입니다.

정사正思의 빨리어는 쌈마쌍깝뽀sammā-saṅkappo입니다. '쌍깝뽀'는 '생각 · 사유 · 결심'이라고 하는 의미입니다. 일반적으로 '바른 생각' 혹은 '바른 사유'로 번역되죠. 그런데 여기서는 '바른 결심'으로 번역하고자 합니다.

그 이유에 대해서 설명하도록 하겠습니다. 우선 이러한 해석은 필자의 독특한 해석은 아닙니다. 우선 한역경전에서도 정사正思가 아닌 정지正志라고 하는 번역어가 분명히 사용되고 있습니다.

그 예문은 바른 견해의 마지막 인용문(잡아함) 권28)에서 밝혔습니다. 그리고 펫터T. Vetter라고 하는 학자의 해석을 참조했습니다. 펫터는 '바른 결심'으로 번역하면서 그 내용으로 "출가하여 탁발수행승으로서 이 길을 따르고자 하는 것"으로 해석하고 있습니다. 즉 붓다의 가르침을 따르는 수행자가 되자는 결심으로 이해한 것이지요.

필자 역시 이러한 해석에 동의합니다. 우선 우리가 잘 알고 있는 '바른 사유'라고 하는 것은 뒤에 살펴볼 삼학의 체계에서의 해석입니다. 정려 수행의 체계에서는 어울리지 않는 것이지요.

다시 강조해서 말하면 팔정도는 해탈로 이끄는 수행도임을 잊지 않기를 바랍니다. 앞서 바른 견해가 부처님에 대한 믿음이라고 했습니다. 부처님을 믿고 그분의 가르침대로 수행하면 '해탈'에 이를 수 있다고 생각하면 그 다음에 취할 행동은 무엇일까요. 바로 '저 분의 제자가 되자'는 결심일 것입니다.

바라문이여, 저는 저 큰 지혜를 갖춘 고따마, 큰 이해를 갖춘 고따마 곁에서 잠시라도 떨어져 살 수 없습니다.(Sn. 1140)

뼁기야라고 하는 바라문 수행자의 고백입니다. 《숫따니빠따》 제5장에는 16명의 바라문이 부처님을 찾아뵙고 이런 저런 질문을 하고 이에 대한 부처님의 답변이 실려 있습니다.

모든 질문이 끝난 뒤 16명의 바라문들은 모두 부처님의 제자가 됩니다. 부처님의 설법을 듣고 올바른 견해, 즉 부처님에 대한 확고한 믿음이 생기자 바로 출가하여 제자가 된 것이지요.

선한 사람들과 사귀시오. 선한 사람들과 친교를 맺으시오. [그러면] 그는 선한 사람의 바른 법을 잘 이해하고 모든 고통으로부터 해탈됩니다.(SN. I, p.57)

우리는 간혹 "친구 잘못 만나 그렇게 되었다"는 말

을 듣습니다. 그래서 친구는 가려서 사귀어야 한다고 하지요. 그러면 어떤 사람은 말합니다. "그 나쁜 친구를 좋은 방향으로 이끌어 주면 되잖아요"라고. 그러나 실제를 보면 대부분 나쁜 친구의 영향을 받아 나쁘게 되는 것이 일반적인 것 같습니다.

자신의 욕망을 잘 다스리고 정복한 사람들만이 나쁜 사람을 좋은 사람으로 변화시킬 수 있을 것입니다. 자신을 잘 살필 줄 아는 사람이 다른 사람과의 관계를 바른 방향으로 만들어 갈 수 있는 것이죠. 내가 내 자신을 모르면서 다른 사람을 이끈다는 것은 같이 망하는 길이 되기 쉽습니다. 그렇듯 자신의 능력을 벗어난 일을 하려는 것을 우리는 만용이라고도 부릅니다.

바람직한 결심은 바람직한 생각을 바탕으로 하며, 그것은 또 선한 사람을 통해 이루어지는 것입니다. 선한 사람은 친구일 수도 있고, 스승일 수도 있으며, 부모일 수도 있습니다. 선한 사람을 멀리하고 그렇지 않은 사람을 가까이하게 되면, 아무리 똑똑한 사람이라고 할지라도 잘못된 견해를 갖게 됩니다.

우리는 그 좋은 예를 앙굴리말라 이야기에서 볼 수 있습니다. 앙굴리말라는 훌륭한 자질을 타고 났으나, 스승을 잘못 만나 결국 사람을 해쳐야 깨달음을 얻을 수 있다고 하여 살인귀가 되고 맙니다. 그러나 다행히도 부처님을 만나 자신의 어리석음을 깨닫고는 진심으로 참회하여 부처님께 귀의, 제자가 되어 결국은 아라한의 경지에 이르게 된 분입니다.

처음부터 부처님을 만났다면 살인을 통해 깨달음을 구하는 어리석은 일은 하지 않았을 것입니다. 그래서 위의 뻥기야 같은 사람은 부처님의 말씀을 듣고 바른 견해가 생기자 바로 출가하여 제자가 되고자 결심한 것입니다.

05
바른 말

바른 말은 윤리적으로 거짓말이나 꾸미는 말, 허풍, 아첨, 이간질, 중상, 거친 말욕 등의 말을 하지 않는 것입니다.

> 수행승은 허풍을 떨어서는 안 되며, 동기를 숨기고 말하지 말아야 합니다. 뻔뻔스러운 행위를 배워서도 안 되며, 불화를 가져올 이야기를 해서도 안 됩니다.(Sn. 931)

바른 말은 윤리적으로 거짓말이나 꾸미는 말, 허풍, 아첨, 이간질, 중상, 거친 말욕 등의 말을 하지 않는 것입니다. 이러한 것은 일반인이라도 해서는 안 되는 것이거늘 출가수행자의 경우에는 말할 필요도 없을 것입니다.

그럼 바른 말이란 무엇일까요. 무조건 진실이라면

말해도 좋을까요. 우리는 사실을 말해서 문제가 발생하는 경우를 종종 봅니다.

가령 독립운동가가 일본 경찰에 쫓겨 숨어 있는데 거짓말을 하면 안 된다고 해서 독립운동가가 숨어 있는 곳을 말해 주어야 할까요? 사실을 말하기보다는 어떻게 말해야 할지가 더 중요할 때가 있습니다. 일반인도 그러하거늘 출가수행자는 더 말할 필요가 없겠지요.

> 그것이 진실이 아니고 유익하지 않고 유쾌하지 않은 것이라면 말하지 말라.
> 그것이 진실이 아니고 유익하지 않고 유쾌한 것이라면 말하지 말라.
> 그것이 진실이고 유익하지 않고 유쾌하지 않은 것이라면 말하지 말라.
> 그것이 진실이고 유익하지 않고 유쾌한 것이라면 말하지 말라.
> 그것이 진실이고 유익하고 유쾌하지 않다면 언제 말해야 할지를 알고 말하라.

그것이 진실이고 유익하고 유쾌한 것이라면 언제 말해야 할지를 알고 말하라.

(프랜츠 맷캐프 지음, 진우기 옮김, 《배낭속의 부처》, p.107의 내용을 인용한 것임.)

말하는 방법으로 이것보다 더 좋은 방법은 없을 것입니다. 말은 일단 내뱉으면 주워 담을 수 없지요. 그러므로 신중하고 또 신중하게 하지 않으면 안 됨을 강조한 것입니다. 이것은 출가수행자나 일반인이나 모두 해당하는 덕목입니다.

그럼 특히 출가수행자는 어떻게 말해야 할까요.

비구들이여, 네 가지 특징을 갖춘 말은 훌륭하게 설해진 것이지 나쁘게 설해지지 않은 것이며, 양식 있는 사람에 의해 비난받지 않고 질책당하지 않는다. 어떠한 것이 네 가지인가. 비구들이여, 여기서 비구가 **훌륭**하게 설해진 것만을 말하고 나쁘게 설해진 것은 말하지 않으며, 가르침만을 말하고 가르침이 아닌 것은 말하지 않으며, 사랑스러운 것만을 말하고 사랑스럽지 않은 것은 말하지 않으며, 진실만을 말하고 거짓은 말하지 않으면, 비구들이여, 그 네 가지 특징을 갖추고 있는 말은 훌륭하게 설해진 것이고 나쁘게 설해지지 않은 것이며 슬기로운 사람에 의해 비난받지 않고 질책당하지 않는다.(SN. pp.188-189)

   쓸데없는 말을 버리고 쓸데없는 말을 삼간다. 올바른 때에 말하며 사실에 맞는 말을 하며 유용한 말을 하며 가르침에 합당한 말을 하며 계율에 맞는 말을 하되 가치 있는 말을 적당한 때에 합리적으로 신중하게 의미 있도록 행한다.(AN. V, p.267)

   참으로 사람이 태어날 때, 입 속에 도끼가 생겨나네. 나쁜 말을 하는 어리석은 이는 스스로를 자른다네.(SN. I, p.149)

   비구들이여, 그대들이 모였을 때 두 가지가 행해져야 한다. 법에 대해 이야기하거나 성스러운 침묵을 지키는 것이다.(MN. I, p.161)

06 바른 행위

바른 행위는 옳은 행위와 옳지 않은 행위를 잘 구별하여 옳은 행위를 하는 것을 말합니다.

바른 행위는 옳은 행위와 옳지 않은 행위를 잘 구별하여 옳은 행위를 하는 것을 말합니다. 이것은 기본적으로 계율과 매우 관련이 깊다고 하겠습니다. 계율이란 부처님의 제자로서 해야 할 일과 하지 말아야 할 일을 구분해 놓은 것이지요.

따라서 계율에 맞게 행동하면 바른 행위가 되는 것이요, 그렇지 않으면 나쁜 행위가 되는 것입니다. 계율 가운데 가장 일반적으로 널리 알려져 있는 것이 오계입니다. 그리고 조금 더 확장된 것이 팔계가 있지요.

생명을 해치지 말라. 주지 않는 것을 갖지 말라. 거짓말을 하지 말라. 술을 마시지 말라. 순결하지 않은 성행위를 떠나라. 때를 지나 밤에 음식을 먹지 말라.(Sn. 400)

화환을 걸치지 말고 향수를 쓰지 말라. 적당한 깔개를 깐 바닥이나 침상에서 자라. 이것이야말로 여덟 가지로 된 포살이다. 괴로움을 끝낸 부처님의 가르침이다.(Sn. 401)

위의 인용문은 팔재계의 내용입니다. 그 중에서 앞의 다섯 가지가 오계의 내용이지요. 이것은 모두 일반 재가불자를 위한 가르침입니다. 그럼 출가수행자와 재가불자의 차이는 어디에 있을까요. 소유에 있습니다.

《숫따니빠따》393게송을 보면, "수행승에게 주어지는 가르침은 소유에 얽매인 사람이 지킬 수 없다"는 말씀이 있습니다. 그리고 같은 게송에서 "재가자가 지녀야 할 생활에 대하여 말하겠다"는 말씀 뒤에 오계와 팔재계가 설해지고 있지요. 특히 "순결하지 않은 성행위를 떠나라"라는 말은 얼핏 보면 출가자에게 적용해도 될 것 같지만 구체적인 내용을 보면 재가자를 상대로 한 말씀임을 알 수 있습니다.

> 양식있는 사람이라면 타오르는 불구덩이를 피하듯, 순결하지 못한 행위를 삼가라. 만일 순결을 닦을 수가 없더라도 남의 아내를 범해서는 안 된다.(Sn. 1039)

이에 반해 출가수행자에게 있어서는 성적 행위는 무조건 금지됩니다. 《숫따니빠따》 1098게송에 보면 "모든 욕망의 대상에서 탐욕을 버려야 한다"고 설하고 있습니다. 이것은 세상에 존재하는 모든 욕망의 대상을 말하는 것입니다. 따라서 어떠한 형태로든 성행위는 금지되는 것이지요. 또한 출가수행자는 여러 가지 지켜야 할 행동 규범이 많습니다.

그 중에서 몇 가지를 더 소개해 보겠습니다.

> 선정 수행자는 이리저리 서성거려서는 안 됩니다. 후회할 일을 하지 말고, 방일하지 말아야 합니다. 또한 수행자는 한적한 앉을 자리와 누울 자리에 머물러야 합니다.(Sn. 925)

잠을 많이 자서는 안 됩니다. 부지런하고 깨어 있어야 합니다. 나태와 환상과 웃음과 유희와 성행위와 거기에 필요한 장식물들도 함께 버려야 합니다.(Sn. 926)

경전에는 이러한 규범 이외에도 지켜야 할 것이 수없이 설해져 있습니다. 그래서 흔히 비구 250계, 비구니 348계라고 말합니다. 그만큼 출가수행자가 지켜야 할 것이 많다는 것이지요. 그러나 계율에 대해서 많이 알거나, 바람직한 행위에 대해서 많이 알아도 그것을 실천하지 않으면 아무 쓸모가 없는 것이지요.

비록 도움이 되는 것(=부처님의 가르침)을 수없이 말해도, 그것을 실천하지 않으면 그 사람은 게으른 사람이다. 목동이 다른 사람의 소를 헤아리는 것처럼. 그는 수행자의 부류에 들어갈 수 없다.(Dhp. 19)

《법구경》에 나오는 말씀입니다. 그러나 위와는 반대로 부처님의 말씀을 조금밖에 말하지 않아도 그것을 실천하는 사람은 수행자의 부류에 들어간다는 말씀이 뒤이어 나옵니다. 따라서 바른 행위는 그 내용을 많이 아는 것보다, 조금 알고 있어도 그것을 실천하는 데 의미가 있다 하겠습니다.

또한 이러한 덕 있는 행위에 의해서 사람이 평가됩니다. 흔히 불교는 인도의 사성계급제도를 부정한 종교로 알려져 있습니다. 부처님은 계급 자체를 인정하지 않았으며, 또 그것으로 사람을 평가하지도 않았지요. 그래서 근대 인도의 암베드까르 박사는 부처님의 사상만이 진정한 가르침이라고 믿어 수십만 명과 함께 집단 개종한 일은 유명합니다.

> 태생에 의해 천한 사람이 되는 것은 아니다. 태생에 의해 바라문이 되는 것도 아니다. 행위에 의해 천한 사람도 되고, 행위에 의해 바라문도 된다.(Sn. 142)

현대는 돈이 계급을 나누는 세상입니다. 돈이 있으면 모든 것이 된다는 믿음이 팽배해 있지요. 모든 사람들이 경제만을 이야기할 뿐, 어떻게 살아야 하는지에 대한 삶의 가치에 대해서는 외면하고 있습니다. 그래서 돈이 많은 사람에게는 굽실거리며, 돈이 없는 사람은 업신여기고 무시하기 일쑤입니다.

옛날에는 양반집에 태어났느냐 아니냐가 사람을 평가했다면, 요즘은 돈이 사람을 평가하는 기준이 되어 버렸지요.

그러나 부처님은 말씀하십니다. 사람은 그 어떤 것도 아니라 그 사람의 '행위'에 의해서 고귀한 사람도 되고, 천한 사람도 된다고 말입니다.

자신의 사회적 지위와 권력, 그리고 경제력을 배경으로 사람들 위에 군림하고자 하는 사람은 누구라고 하더라도, 그 사람은 천한 사람인 것입니다. 그 어떤 가치보다도 사람을 귀하게 여기고 존중하는 자세, 그리고 편협되지 않으며 널리 열린 자세로 화합을 도모하는 자세와 그것을 실천하는 것이 바로 그 사람을 고귀한 사람으로 만드는 것이지요.

우리는 인도의 마하트마 간디와 달라이 라마와 같

은 분들의 삶을 통해 그러한 모습을 봅니다. 그래서 우리는 그 분들을 세계의 스승이라고 존경하는 것이지요. 그 분들이 재산이 많고, 권력이 높아서 존경하겠습니까.

07 바른 생계

생명을 죽이거나 죽이는 데 관련되는 일을 해서는 안 되는 것입니다.

출가수행자이건 재가자이건 살아 있는 한 어떤 식으로든 먹고 살아야 합니다. 그래서 어떤 형태로든 생계를 꾸려나갈 일을 해야 하지요. 그럼 먼저 재가자가 종사해서는 안 될 생계방법은 무엇일까요.

재가신도는 다섯 가지의 판매에 종사해서는 안 된다. 다섯 가지란 무엇인가. 무기의 판매, 생명의 판매, 고기의 판매, 술의 판매, 독극물의 판매이다.(AN. II, p.208)

생명을 죽이거나 죽이는 데 관련되는 일을 해서는 안 되는 것입니다. 그리고 술뿐만 아니라 마약이나 요즘에 유행하는 각성제와 같은 일체 정신을 혼미하게 하는 것을 판매해서는 안 되는 것이지요.

보통 정업을 '바른 생활' 혹은 '바른 직업'으로 이해하는 경우가 많습니다. 이러한 해석은 재가자에게 어울리는 해석입니다. 출가수행자, 즉 스님은 '직업'이 아니기 때문입니다.

요즘 '성직'이라는 말을 쓰는데 이는 문제의 소지가 많은 말이라고 생각합니다. 직업에 성스러운 직업과 속된 직업이 있을 수 없겠지요. 있다고 하면 바람직한 직업과 바람직하지 않은 직업이 있을 뿐입니다. 그래서 경전 어디에도 성스러운 직업이란 말은 없습니다. 부처님의 제자를 가리키는 '성스러운 제자성제자'는 있지만 말입니다.

여하튼 팔정도의 다섯 번째 항목은 바람직한 직업에 대해서 말하는 것으로 끝나면 안 됩니다. 이미 짐작하셨겠지만 팔정도는 해탈에 이르는 길이기 때문입니다. 그래서 출가수행자가 지켜야 할 바른 생계 방법이 언급되어야 하는 것이지요.

> 주술적인 주문이나 해몽이나 또한 징조나 점성술에 종사해서는 안 됩니다. 나의 제자는 새나 짐승의 소리로 점을 치거나 임신을 시키는 술수나 의술을 행해서도 안 됩니다.(Sn. 927)

> 수행승은 사고파는 일을 하지 말고, 어떠한 경우에도 비난받을 만한 일을 해서는 안 됩니다. 마을의 일에 휩쓸려서도 안 되며, 이익을 동기로 사람들에게 말을 걸어서는 안 됩니다.(Sn. 929)

> 수행승들이여, 기만, 요설, 점술, 고리대부, 이것은 잘못된 생계수단이다.(MN. III, p.75)

요즘 스님들 가운데는 점을 치거나 해몽 등을 포교의 방편으로 하거나, 순전히 경제적인 이유로 하시는 분들이 있지요. 그러나 이러한 행위는 부처님에 의해서 금지된 일입니다. 출가수행자의 생계 수단으로서 적절치 않다는 것이지요.

물론 상업이나 금융 관련 일에 종사해서도 안 됩니다. 그러한 일에 종사하는 것은 재가자의 일이지 출가 수행자의 일이 결코 아니기 때문입니다.

또한 그 이외에 어떠한 경우에도 세속 사람들이 비난할 만한 행동을 하거나 그러한 것으로 생계를 유지해서는 안 되는 것입니다. 따라서 "스님이 왜 저런 걸 하시냐?"라는 말을 들을 수 있는 일체의 생계 수단을 취해서는 안 되는 것입니다.

한편 《숫따니빠따》 제2장 14경인 〈담미까의 경 Dhammikasutta〉에는 수행자가 어떻게 생계를 꾸려가야 할지를 잘 보여주고 있습니다.

> 수행승은 때가 아닌 때에 돌아다니지 말아야 한다. 정해진 시간에 탁발을 하러 마을에 가라.(Sn. 386)

> 수행승은 바른 때에 탁발한 음식을 얻어 홀로 돌아와 외딴 곳에 앉아라. 안으로 돌이켜 자신을 섭수하고 마음이 밖으로 흐트러지게 해서는 안 된다.(Sn. 388)

이와 같이 오로지 출가수행자는 정해진 시간에 탁발을 통해 생계를 유지해야 합니다. 그럼 탁발하는 자세는 어떠해야 할까요. 같은 《숫따니빠따》 제3장 11경인 〈날라까의 경 Nālakasutta〉에 잘 나타나 있습니다.

성실하게 선정에 전념하고, 숲 속에서 즐기며 스스로 만족해하며 나무 아래서 선정을 닦아라.(Sn. 709)

밤이 지나 새벽이 밝아오면 마을 어귀로 가는 것이 좋다. 그러나 마을에서의 초대나 가져온 것에 너무 반겨서도 안 된다.(Sn. 710)

침묵의 성자(muni)는 마을에 이르러 가정집에서 조급하게 행동해서는 안 된다. 음식을 얻고자 하는 이야기를 끊고, 암시적인 말을 꺼내지 않아야 한다.(Sn. 711)

얻은 것이 있다면 좋고, 얻지 못한 것도 잘된 것이다. 어떤 경우에라도 나무로 되돌아오는 것처럼 그와 같아야 한다.(Sn. 712)

> 그는 손에 발우를 들고 돌아다닐 때, 사람들이 그를 벙어리가 아님에도 벙어리와 같이 생각하도록 한다. 시물이 적다고 꾸짖지 말고, 시주를 경멸하지도 말아야 한다.(Sn. 713)

이 경에 나오듯이, 탁발을 하는 것은 어디까지나 선정 수행을 위한 것입니다. 출가수행자의 일은 처음부터 끝까지 수행에 있는 것이지 그 어떤 다른 것에 있는 것이 아닙니다. 수행을 위해서 탁발을 하는 것이고, 수행을 하기 때문에 재가자는 공양을 올리는 것입니다. 탁발을 많이 얻기 위해서 수행을 하는 것이 아닌 것입니다.

08

바른 노력

바른 노력은 수행의 원동력이면서 동시에 윤리적인 가치를 나타냅니다.

수행승은 안으로 평안해야 합니다. 밖에서 평안을 찾아서는 안 됩니다. 안으로 평안하게 된 사람에게는 취하는 것이 없는데, 어찌 버리는 것이 있겠습니까?(Sn. 919)

부처님께서 태자의 자리를 버리고 출가하신 이유는 늙음과 죽음이라는 고통의 한계상황을 극복하기 위함이었습니다. 즉 늙음과 죽음은 젊은 태자로 하여금 불안하게 만든 것이었죠. 그 불안함으로부터 완전히 벗어나는 길, 즉 해탈의 길을 찾고자 한 것이 출가의 목적이었습니다.

그러나 그러한 목적은 그냥 이룰 수 있는 것이 아닙니다. 치열하게 자신과 싸워 이겨야 하는 것이지요. 그래서 부처님은 말씀하십니다.

<blockquote>일어나서 앉아라. 평안을 얻기 위해서 치열하게 수행하라.(Sn. 332ab)</blockquote>

<blockquote>이 세상에서 목숨은 어찌 되든 좋다. 패하고 사는 것보다 [번뇌와의] 싸움에서 죽는 편이 낫다.(Sn. 440ab)</blockquote>

이 세상의 삶이 힘들고 싫어지고 심지어 역겹게 느껴지는 것은 번뇌로 인해 괴롭기 때문입니다. 하루에도 수백 수천 번씩 바뀌는 마음은 기쁨·슬픔·분노·욕망 등으로 잠시도 쉬는 일이 없습니다. 그러나 우리들은 이러한 마음 상태를 그냥 자연스러운 것으로 받아들이고 번뇌와 함께 살고 있습니다. 괴로움이 지나면 즐거움이 오기에, 그것을 위안삼아.

그러나 부처님은 이 세상이 번뇌로 가득 찬 티끌이

많은 곳으로 보았습니다. 그것은 곧 인간은 욕망의 존재이기에 이 세상 역시 욕망으로 가득 차 있다고 보았기 때문이죠. 그렇기에 욕망과 번뇌에 맞서 싸우길 원했던 것입니다. 그러다 죽을지언정 타협할 수는 없었던 것입니다.

그럼 욕망과 번뇌에 어떻게 맞서면 될까요. 대상이 눈앞에 있어 무력을 쓸 수도 없는 이것들과 도대체 어떻게 싸울까요? 부처님은 그 방법으로 네 가지 바른 노력 사정근을 제시합니다.

1) 아직 일어나지 않은 악하고 선하지 않은 법들이 일어나지 않도록 의욕을 내어 노력하며, 정진에 힘쓰고, 마음을 북돋아 노력한다.
2) 이미 일어난 악하고 선하지 않은 법들이 포기되도록 의욕을 내어 노력하며, 정진에 힘쓰고, 마음을 북돋아 노력한다.
3) 아직 생기지 않은 선한 법들이 생기도록 의욕을 내어 노력하며, 정진에 힘쓰고, 마음을 북돋아 노력한다.
4) 이미 생겨난 선한 법들이 확고해지도록, 혼란스럽지

않도록, 더욱 증가하도록, 충만하도록, 원만히 수습되도록 의욕을 내어 노력하며, 정진에 힘쓰고, 마음을 북돋아 노력한다.(DN. Ⅲ, p.221)

편의상 번호를 붙여 보았습니다. 이 설법은 주어가 비구라는 점에서 출가수행자를 대상으로 이루어진 것임을 알 수 있습니다. 그러나 이 사정근은 재가자 역시 수행해야 할 덕목으로 볼 수 있습니다.

우리들은 날마다 선택을 하며 살아갑니다. 어떤 형태로든 선택하지 않고는 살아갈 수 없는 존재입니다. 밥을 먹을 것인지 말 것인지, 학교에 갈 것인지 말 것인지, 지금 일어날 것인지 말 것인지, 책을 볼 것인지 TV를 볼 것인지 등등.

이러한 선택에는 윤리적인 내용도 있고 그렇지 않은 경우도 있습니다. 가령 어르신이 버스에 타셨는데 자리가 없을 경우, 자리를 양보할 것인지 말 것인지, 혹은 곤경에 처한 사람을 보고 도와줄 것인지 못 본 체할 것인지와 같은 문제는 다분히 윤리적인 판단을 요구한다고 할 수 있습니다. 즉 선택의 성질이 윤리적인 경우는 대부분 다른 사람과의 관계에서 발생합니다. 그때 바람직하다, 바람직하지 않다고 하는 윤리적 가치가 개입되게 되는 것이지요.

사정근의 내용은 수행도이면서 윤리적인 색채가 짙습니다. 나쁜 생각을 일어나지 않게 하거나 이미 일어났으면 그것을 제거하도록 자발적으로 노력해야 한다는 것입니다. 반대로 선하고 좋은 생각이 일어나지 않았다면 일어나도록 하고, 이미 일어났으면 그것을 확고히 하여 실천할 수 있도록 노력해야 하는 것이죠. 이것은 자신에게 있는 나쁜 경향이나 습관들을 제거하고, 좋은 경향이나 습관들은 더욱 키워야 함을 말하는 것입니다.

그런 의미에서 보면, 단순한 윤리적인 의미는 아니지요. 끊임없이 자신을 관찰하여 옳지 못한 쪽으로 흐르려고 하는 자신을 통제하여 선하고 좋은 상태에 확고히 뿌리를 내리도록 정진하는 것, 이것이 바로 사정근의 내용입니다.

팔정도 가운데 바른 말, 바른 행위가 윤리적인 덕목인 것처럼, 바른 노력은 수행의 원동력이면서 동시에 윤리적인 가치를 나타냅니다. 그런데 팔정도에서 말하는 윤리적 덕목이란 것은 자신의 선하고 좋은 성품을 계발하고 확대하여 깨달음으로 향할 수 있게 하는 끊임없는 자기 노력을 말합니다. 그래서 그것은 단순히 지켜야 되는 것이 아니라 삶 속에서 몸으로 익혀야 되는 것, 즉 수행해야 하는 것입니다.

이러한 자기 노력은 자신의 내적 평온이란 결과로 이어지게 됩니다. 내적 평온은 다른 사람들이 가져다주는 것이 아니라 스스로 가져오는 것입니다.

그래서 5세기 무렵의 위대한 주석가 붓다고사는 아라한을 "남이 모르게 옳지 않은 행위를 하지 않기 때문에 아라한으로 불린다"(Vism, p.198)고 해석한 것은 우리에게 시사하는 바가 크다 하겠습니다.

09 바른 알아차림

단지 있는 그대로 대상을 정확히 보는 것이 바로 '바른 알아차림'의 내용입니다.

정념은 바른 알아차림이나 바른 자각自覺으로 번역될 수 있습니다. 이것은 흔히 위빳싸나 수행에서 중요시 된다고 알고 있습니다만, 최고층 문헌에서부터 매우 강조되어 온 중요한 수행덕목입니다.

단순히 어떤 것에, 혹은 자신의 행위에 대해 명확히 알아차린다는 것 이상의 의미를 지닌다고 하겠습니다. 최고층 문헌인《숫따니빠따》제4장과 제5장에 나오는 바른 알아차림에 관련된 게송을 몇 개 소개해 보도록 하겠습니다.

'나는 고려하고 있다'고 하는 망상의 사유의 뿌리를 모두 파괴하십시오. 안으로 어떠한 갈애도 그것들의 제어를 위해서 항상 바른 알아차림을 배우십시오.(Sn. 916)

비구는 이 가르침을 알아, 깊이 생각하고, 항상 바른 알아차림을 배우십시오. [모든 번뇌의] 소멸이 적정이라고 잘 알아서, 고따마의 가르침에 대해서 방일해서는 안 됩니다.(Sn. 933)

안으로도 밖으로도 [즐거움과 괴로움의] 감수를 즐기지 않는 사람, 이렇게 바르게 알아차리고, 행하는 사람에게는 의식작용은 소멸합니다.(Sn. 1111)

이들 용례에 나타난 싸띠 sati; 念, 알아차림에는 쌈마 sammā 라고 하는 한정어가 붙어 있지 않지만 동일하게 '바른 알아차림'이라고 번역했습니다. sati에는 sammā가 있든 없든 상관없이 그 의미에는 변화가 없습니다. 용례에서 알 수 있듯이, 알아차림에는 집착 혹은 갈애와 같은 번뇌를 제어하고 소멸시키는 힘이 있음을 알 수 있습니다.

특히 916게송의 "안으로 어떠한 갈애도, 그것들의 제어를 위해서 항상 바른 알아차림을 배우십시오"라고 하는 것은 알아차림sati에 의해서 번뇌가 제어된다는 것을 명확히 밝히고 있습니다.

또한 1111게송은 알아차림을 어떻게 닦아야 하는지를 묻는 바라문 우다나의 질문에 대한 답변입니다. 즉 알아차림이란 내적으로든 외적으로든 즐거움과 괴로움과 같은 느낌에 흔들림 없이 바르게 있는 그대로 자각하고 관찰하는 것임을 말하고 있는 것입니다.

또 의식작용이 소멸된다고 하는 것은 알아차림에는 분별작용이 없음을 의미하는 것입니다. 이것은 아주 중요한 내용입니다. 우리가 참선을 한다고 자리에 앉아 호흡을 관찰할 때, 보통 배의 움직임에 집중하는데, 이때 중요한 것은 배의 움직임에 집중할 뿐이지 그것에 대해서 어떤 생각을 일으키거나 판단해서는 안 된다는 것입니다. '이렇게 하면 될까? 배를 좀더 내밀어야 되나? 호흡을 보다 깊이 길게 해야지' 등과 같은 생각을 하면 안 되는 것이죠.

그리고 1119게송에서는 죽음을 초월하기 위해서는 '자아'라는 실체가 있다고 하는 견해를 버려야 하고, 그것을 가능케 하는 것이 알아차림이라고 설하고 있습니다.

이와 같이 알아차림은 번뇌를 제어하고, 다양한 감각 내용을 있는 그대로 보는 수단입니다. 또 '자아라고 하는 실체가 있다'는 관념을 제거하여 죽음을 초월하도록 하는 수행방법으로서 강조되고 있음을 알 수 있습니다.

그리고 1107게송에는 '평정과 바른 알아차림바르게 자각하는 것에 의한 청정이 바른 지혜에 의한 해탈이고, 무명의 파괴이다'라고 밝히고 있어, 알아차림sati에 의해서 무명이 파괴되고, 해탈에 도달할 수 있음을 말씀하고 있습니다.

따라서 결론적으로 정리하면, 알아차림은 비판단적 관찰입니다. 결정하지 않으며 판단하지 않고, 단지 관찰하는 것입니다. 명상하는 사람은 자신의 마음과 대상을 어떠한 선입견이나 편견 없이 있는 그대로 관찰해야 합니다. 단지 있는 그대로 대상을 정확히 보는 것이 바로 '바른 알아차림'의 내용입니다.

10 바른 정려

정려를 정점으로 하는 수행체계에서 최후의 단계이자 도달점이라고 할 수 있습니다.

마지막은 바른 정려로 일반적으로 바른 삼매로 번역되는 것입니다. 정려를 정점으로 하는 수행체계에서 최후의 단계이자 도달점이라고 할 수 있습니다.

> 눈을 아래로 뜨고, 기웃거리지 않으며, 선정에 들어 확연히 깨어 있어야 하고, 삼매에 들어 평정을 닦아 사념의 경향과 악행을 끊어버려야 한다.(Sn. 972)

진리에 대한 사색을 선행으로 하는 평정과 바른 알아차림에 의한 청정이 바른 지혜에 의한 해탈이고, 무명의 파괴

라고 나는 설한다.(Sn. 1107)

위의 인용 게송에 나타난 정려, 즉 삼매는 평정 upekkhā과 바른 알아차림을 그 내용으로 하고 있음을 보여주고 있습니다. 산란되지 않은 마음, 외부의 대상에 마음이 동요되거나, 내부의 두려움이나 동요로부터 완전히 자유로워진 상태가 바로 평정의 상태입니다.

이는 안팎에 대한 완전한 자각, 즉 있는 그대로 왜곡됨 없이 대상-정신적이든 물질적이든-이 온전하게 파악되기 때문에 가능한 것입니다. 안팎에 대한 여실한 앎은 결국 무명을 비롯한 모든 번뇌, 욕망을 파괴하게 되는 것이지요.

이러한 정려는 초기불교 경전에서는 네 단계로 정리되는데, 이를 4정려라고 합니다. 그럼 4정려가 어떻게 구분되는지 살펴보도록 하겠습니다.

제1정려: 욕망의 대상과 모든 선하지 못한 현상들로부터 떠난 뒤에, 거친 생각과 미세한 생각이 있는, 멀리 떠남에서 생기는 기쁨과 행복을 갖춘 제1정려에 머문다.

제2정려: 모든 거친 생각과 미세한 생각이 고요해짐으로 내적인 평온과 마음의 집중상태에 도달하여, 거친 생각과 미세한 생각이 없는 삼매에서 생기는 기쁨과 행복을 갖춘 제2정려에 머문다.

제3정려: 기쁨이 사라지고 나서 평정하게 되어 머문다. 그리고 바른 알아차림과 바른 지혜를 갖추고, 몸으로 행복을 느낀다. 이것을 성자들은 평정과 바른 알아차림을 갖춘 사람은 행복하게 머문다고 말한다. 제3정려를 갖추고 머문다.

제4정려: 즐거움과 고통을 버리는 것으로부터, 이전의 기쁨과 근심의 소멸로부터 괴로움도 즐거움도 아닌 평정과 바른 알아차림에 의한 청정인 제4정려를 갖추고 머문다.(SN. II, pp.210-211)

위의 인용문이 4정려의 정형적인 표현입니다. 여기에서 가장 핵심이 되는 내용만을 간추려서 다시 간략히 나타내면 다음과 같습니다.

제1정려: 거친 생각과 미세한 생각이 있음, 멀리 떠남에서 생기는 기쁨과 행복

제2정려: 내적인 평온, 마음의 집중상태, 삼매에서 생기는 기쁨과 행복

제3정려: 바른 알아차림과 바른 지혜를 갖춤, 행복을 몸으로 느낌

제4정려: 괴로움도 즐거움도 아닌 평정과 바른 알아차림에 의한 청정

정려 수행도에서 가장 중요한 것은 먼저 욕망의 대상, 즉 욕망을 불러일으키는 모든 것들로부터, 그리고 바람직하지 못한 모든 것들로부터 '떠남'이 전제가 됩니다. 이는 나중에 보게 되겠지만, 삼학의 체계에서 계학이 가장 먼저 제시된 이유이기도 합니다.

도덕성과 윤리를 갖추는 것이 먼저 필요하고 아울러 세속적인 모든 욕망에서 떠나는 것이 요구됩니다. 그럴 때 떠남에서 생기는 기쁨과 행복이 있게 되는 것이지요. 그러나 이때에는 여러 가지 사유와 언어 작용은 남게 됩니다. 이것이 바로 제1정려제1선입니다.

제2정려에서는 기쁨과 행복이 한 단계 업그레이드

됩니다. 즉 기쁨과 행복이 발생하는 기원이 달라지는 것이지요. 이때에는 사유와 언어작용이 멈추어 더 이상 작용하지 않게 되면서 내적으로는 평온해지고, 마음은 완전한 집중상태에 놓이게 됩니다. 이러한 집중상태에서 기쁨과 행복이 발생합니다.

제3정려에서는 바른 알아차림과 지혜를 갖추고서 행복을 온몸으로 느끼게 됩니다. 이때 이전 단계에서 있었던 기쁨은 사라지게 됩니다.

그럼 기쁨piti과 행복sukha은 어떻게 다른 것일까요. 기쁨은 심리적 황홀상태라고 볼 수 있고, 행복은 경전의 기술 내용대로 육체가 편안하고 즐거운 상태를 말합니다. 여기서 기쁨이 먼저 사라진다고 하는 것은 심리적인 황홀상태가 평정상태upekkha를 방해하기 때문입니다. 심리적인 황홀상태는 욕망을 특징으로 하는 것은 아니지만 여하튼 심리적으로 완전하게 평온한 상태와는 다른 것이지요. 그렇기 때문에 제3정려에서는 기쁨이 먼저 사라지게 되는 것입니다.

제4정려에서는 육체적인 행복감도 완전히 사라지고 오로지 괴로움과 즐거움에서 완전히 떠난 고요하고 평정한 상태와 바른 알아차림에 의한 청정한 상태에 도달하게 됩니다. 여기에서는 더 이상 조금이라도 대상과 내가 분리되지 않고, 하나가 되어 대상의 속성이 있는 그대로 자각되는 단계입니다.

부처님은 바로 이 4정려를 통해 위없는 깨달음을 얻었던 것입니다. 앞의 제2장에서 소개했던 어린 태자 시절 나무 아래에서 느꼈던 것은 바로 제1정려에 해당합니다.

제4장

네 가지 성스러운 진리 : 사성제

01

고통, 고통의 원인, 고통이 소멸된 상태, 고통을 소멸하는 방법이 바로 사성제의 내용인 것이지요.

사성제가 갖는 의미

　네 가지 성스러운 진리, 우리는 이것을 사성제四聖諦라고 합니다. 사성제의 내용은 불교에 관심이 있는 사람이라면, 누구나가 한번쯤은 들어보았을 것입니다. '고·집·멸·도' 즉 고통, 고통의 원인, 고통이 소멸된 상태, 고통을 소멸하는 방법이 바로 사성제의 내용인 것이지요.

　경전SN. V, p.433에 보면, 이 사성제는 바로 고따마 붓다가 깨달은 내용으로 기술되어 있습니다. 즉 사성제를 깨달아 부처가 되었다는 것이지요.

그런데 또 다른 경전Vin I, p.11의 기술을 보면, 이 사성제는 부처님이 깨닫기 이전에 누군가에 의해 설해진 적이 없다고 기술되어 있습니다. 이러한 모순적인 상황에 관심을 갖고 해석한 학자가 펫터T. Vetter입니다.

펫터는 〈초전법륜경〉의 기술 내용을 토대로, 태자는 사성제를 깨달아 부처가 된 것이 아니라는 결론을 내리고 있습니다. 즉 태자가 '늙음과 죽음'을 해결하고자 수행하고 있을 때, 누군가에게서 사성제를 배우지 않았기 때문에 사성제를 통해서 깨달음을 얻을 수 없었다는 것이지요.

그러면 이 사성제는 어떻게 이해될 수 있을까요. 사성제는 부처님이 깨달은 내용임에는 틀림없습니다. 다만 부처님이 사성제에 의거해서 깨달은 것이 아니라, 당신이 깨달은 내용을 다섯 비구를 비롯한 다른 사람들이 알아듣기 쉽게 하나의 체계로 구축한 것이라고 이해하는 것이 합리적일 것입니다.

이러한 이해를 바탕으로 펫터가 주목한 〈초전법륜

경〉에 나오는 내용을 토대로 사성제가 설해지는 배경을 간략히 살펴보도록 하겠습니다.

경전의 설법 순서를 표로 나타내면 다음과 같습니다.

중도 → 팔정도 → 사성제 → 오온무아

이것은 태자가 극심한 고행을 실천하고 있을 때, 태자를 타락했다고 비난하고 떠난 다섯 수행자를 부처님이 찾아가 설법하신 내용입니다. 이를 초전법륜이라고 하는데, 사성제는 바로 부처님의 첫 번째 설법의 중심 내용입니다.

〈초전법륜경〉의 내용을 보면, 사성제는 중도와 팔정도 다음에 설해지고 있습니다. 경에서 설해지고 있는 중도는 정확히 표현하면, 고락중도입니다. 즉 고행주의에도 치우치지 않고 쾌락주의에도 치우치지 않는 것을 말합니다. 부처님이 다섯 수행자에게 가장 먼저 설한 내용은 다른 것이 아닌 중도임이 당연합니다.

왜냐하면 다섯 수행자는 고행을 통해 깨달음을 성취하고자 한 이들이며, 고행을 포기한 태자를 타락한 수행자라고 비난한 이들이기 때문입니다. 그러한 수행자들에게 먼저 설할 수밖에 없는 것은 그러한 극단적 견해로는 깨달음을 얻을 수 없다는 것을 설득하는 것이겠지요. 고행주의와 쾌락주의로는 깨달음을 성취할 수 없다는 것을 그들이 납득한 뒤에, 본격적으로 본론에 들어갈 수 있었던 것입니다. 그 본론에 해당하는 것이 바로 사성제입니다.

그런데 사성제의 내용을 가만히 살펴보면 그 의미가 사뭇 색다르게 다가옵니다. 《숫따니빠따》 제3장 제12경에는 사성제를 통해 해탈을 성취하여 태어남과 늙음의 윤회로부터 벗어날 수 있음을 설하고 있습니다.

> 고통을 알지 못하고 또 고통이 일어나는 것을 알지 못하고 또 고통이 남김없이 사라진 것도 또 고통의 소멸에 이르는 길도 알지 못하는 사람들.(Sn. 724)

그들은 마음의 해탈이 없고, 또 지혜의 해탈이 없다. 그들은 윤회를 끝낼 수 없다. 그들은 참으로 나고 늙음을 받는다.(Sn. 725)

그러나 고통을 알고 또 고통이 일어나는 것을 알고 또 고통이 남김없이 멸하는 것을 알고 또 고통의 소멸에 이르는 길을 아는 사람들.(Sn. 726)

그들은 마음의 해탈을 구현하고 또 지혜의 해탈을 구현한다. 그들은 윤회를 끝낼 수 있다. 그들은 나고 늙음을 받지 않는다.(Sn. 727)

그럼, 사성제 각각의 내용을 살펴보도록 하겠습니다.

02

태자가 자각한 고통의 내용은 바로 '늙음과 죽음'입니다. 여기에 태어남과 병 등을 덧붙인 것이 바로 사성제의 첫 번째인 고성제의 내용입니다.

고통에 대한 자각

그런데 비구들이여, 이것이 고통이라는 성스러운 진리이다. 태어남은 고통이다. 늙음은 고통이다. 병은 고통이다. 죽음은 고통이다. 사랑하지 않는 사람들과 만남은 고통이다. 사랑하는 사람들과 헤어짐은 고통이다. 구하는 것을 얻지 못하는 것, 그것 또한 고통이다. 요약하면 오취온은 고통이다.(Vin I, Mahavagga, p.10)

부처님은 태자 시절, 바로 고통에 대한 뼈저린 자각 때문에 출가를 결심합니다. 불교의 출발점은 바로 고통에 대한 자각에 있다고 해도 과언이 아닐 것입니다.

그런데 도대체 무엇이 태자를 그토록 고통스럽게 했을까요. 서론에서 인용한 경구를 다시 보도록 하겠습니다.

> 참으로 사람의 목숨은 짧으니 백 살도 못되어 죽는구나. 아무리 더 산다고 해도 결국은 늙어 죽고야 마는구나.(Sn. 804)

> 이 세상 어디도 안전하지 않구나. 세상 모든 곳이 흔들리고 있구나. 나는 스스로 의지할 곳을 찾았으나, 이미 죽음과 고통에 점령되지 않은 곳을 보지 못했다.(Sn. 937)

태자가 자각한 고통의 내용은 바로 '늙음과 죽음'입니다. 여기에 태어남과 병 등을 덧붙인 것이 바로 사성제의 첫 번째인 고성제의 내용입니다.

그런데 위의 인용에서 알 수 있듯이, 이러한 고통의 내용을 한 마디로 요약하면 '오취온五取蘊'이 됩니다. 오취온이란 고통의 원인이 되는 번뇌를 갖고 있는 오온五蘊을 말합니다. 오온은 다섯 가지 원소가 모여 이루어진 것, 즉 우리 몸뚱이를 말하는 것이지요. 우리가 '몸'이라고 할 때, 몸은 단지 물질적인 육체만을 말하지 않습니다. 육체만을 몸이라고 하면 그것은 시체와 다를 바가 없기 때문이죠. 살아 있는 몸은 바로 육체와 정신이 결합된 것을 말합니다. 그래서 오온으로 말하면 육체는 색이 됩니다.

그리고 정신은 다시 네 가지로 구분됩니다. 느낌작용[受], 표상작용[想], 의지작용[行], 그리고 의식[識]입니다. 따라서 오취온은 우리의 육체와 정신이 번뇌에 물들어 있는 것을 말합니다.

그래서 요약하면 '오취온은 고통이다'라는 말은 우리가 우리 존재를 구성하는 오온에 대해서 집착하여 번뇌를 일으키기 때문에 고통이란 의미가 됩니다.

사람은 누구나가 늙음과 죽음을 비롯한 고통의 요소들을 존재의 본질로 갖고 있다는 것으로도 이해할 수 있겠습니다.

이렇게 존재 자체를 고통으로 바라본 태자에게 무

슨 즐거움이 있겠습니까. 보이는 것마다 고통이 도사리고 있는 이 세상은 태자에게 벗어나고 싶은 곳이었을 것입니다. 그러면 어떤 이는 '이 세상이 고통이면 죽어버리면 되잖아. 그렇게 고통이라고 하면서 왜 살아?'라고 생각할 수 있을 것입니다.

그런데 태자는 죽음을 선택하지 않았습니다. 아니 선택할 수가 없었던 것이지요. 태자에게 있어 진짜 고통은 '죽음'과 '늙음'이었기 때문입니다.

그렇기에 태자는 죽음이 아닌 출가를 선택한 것입니다. '늙음과 죽음'을 고통으로 자각한 사람이 취할 수 있는 길이 출가 외에 또 무엇이 있겠습니까. 그러나 '삶'이 고통인 사람은 선택지가 '현실도피'와 '죽음' 그리고 '출가' 등으로 다양합니다. 세상이 괴롭다고 하면서 자살하는 사람들이 바로 그러한 예일 것입니다.

요즈음 우리는 뉴스를 통해 심심치 않게 자살하는 사람들을 접하게 됩니다. 주식투자를 했다가 거액의

손실을 입고는 비관하여 자살하는 사람, 자신에 대한 비난과 악성루머를 견디지 못하고 세상을 등지는 사람, 사업에 실패하여 엄청난 부채를 감당하지 못하고 자살하는 사람, 사랑하는 사람을 잃고 세상을 체념하며 스스로를 포기하는 사람, 시험성적이 부진하다고 비관하여 자살하는 학생들, 이른바 왕따를 견디지 못하고 자살하는 학생이나 직장인, 이들에게 이 세상은 고통일 것입니다. 바로 이 고통을 해결하는 방식으로 그들은 '죽음'을 선택한 것입니다.

태자와 이 사람들은 세상을 고통으로 본 것은 같았지만, 선택한 방식은 전혀 달랐습니다. 그리고 그 결과 역시 전혀 달랐음은 굳이 말하지 않아도 아실 것입니다. 태자는 우리에게 '진정한 삶의 의미'를 보여준 것이고, 후자의 사람들은 우리에게 '안타까움과 슬픔'을 전해준 것이지요.

그럼 태자와 우리 보통 사람들이 고통을 바라본 것에는 어떠한 차이가 있는 것일까요. 우리는 일단 '삶'

을 긍정적으로 바라봅니다. 즉 삶은 축복인 것이지요. 그래서 우리는 생일마다 축하를 하기 위해 가족들이 모여, 케이크에 초를 밝히며 축가를 불러줍니다.

우리에게 '삶'이 고통인 이유는 '외적인 조건'들이 부정적으로 작용할 때, 바로 그때 삶을 고통으로 자각합니다. 즉 경제적인 난관에 부딪혔을 때, 인간관계가 원만히 이루어지지 않을 때, 자신이 생각한 바가 원치 않은 결과로 나타났을 때, 미래가 불확실할 때, 우리는 고통스럽다고 말합니다.

그러나 태자는 이러한 것을 고통이라고 하지 않았습니다. 태자는 삶의 모든 내용 그 자체를 고통으로 자각한 것입니다. '늙음과 죽음'이라고 하는 것을 고통으로 보았기에, 젊음이 주는 자신감과 물질적 풍요로움, 성적인 쾌락을 즐거움으로 볼 수 없었던 것입니다.

결국 이러한 삶 속에서 느낄 수 있는 즐거움이란 '늙음과 죽음'의 범위 안에서 부침하는 것들이기 때문이죠. 삶 속에서 향유되는 즐거움은 결코 늙음과 죽음을 초월하지 못합니다. 그렇기에 삶 속에서 우리가 즐겁다고 느끼는 것, 행복이라고 느끼는 것이 태자의 관점에서 보면 고통으로 연결될 수밖에 없었던 것입니다.

따라서 진정한 즐거움, 행복을 얻기 위해서는 '늙음과 죽음'의 문제를 해결하지 않으면 안 된다는 결론에 다다르게 됩니다. 태자는 바로 '고통에 대한 자각'을 통해 '진정한 행복'의 길을 찾아 나선 것입니다. '고통에 대한 올바른 자각'이 오히려 삶에 대한 '진지한 자세'를 갖게 한 것이지요. 그리고 선언합니다.

'나는 진정한 행복을 찾겠노라!'

03 고통의 원인에 대한 추구

고통의 원인인 갈애는 또한 위에서와 같이 욕망의 대상에 대한 갈애, 존재에 대한 갈애, 비존재에 대한 갈애로 나뉩니다.

비구들이여, 이것이 고통의 원인이라는 성스러운 진리이다. 이것은 재생으로 이끄는, 환희와 탐욕을 수반하는, 여기저기에서 즐거워하는 갈애이다. 이것은 즉 "욕망의 대상에 대한 갈애, 존재에 대한 갈애, 비존재에 대한 갈애"이다.(Vin I, Mahavagga, p.10)

율장의 내용을 그대로 따라가 보면 다섯 수행자가 태자를 떠난 뒤, 태자는 마음을 다잡고 이전과는 전혀 다른 방법을 통해 수행을 시작합니다. '늙음과 죽음'을 일으키는 원인이 무엇인지를 탐구하기 시작한 것이지요.

그 결과 '늙음과 죽음'의 원인을 알아내게 됩니다. 바로 '갈애(渴愛)'입니다. 빨리어로는 땅하tanhā라고 합니다. 사막에서 며칠 간 물을 마시지 못한 사람이 물을 구하듯이 격정적으로 갈구하는 것이 바로 갈애입니다. 갈애가 다시 태어나게 하는 원인이며, 세상과 대상에 대해서 집착하고 애증을 갖게 하는 것입니다.

갈애는 또한 속성상 탐욕을 수반합니다. 탐욕은 욕망입니다. 욕망이란 단순히 갖고 싶은 욕구를 말하기도 하지만, 여기서는 생존과 직접적인 관계를 갖는 욕망만을 이야기하겠습니다.

우리는 살아가기 위해 욕망을 사용합니다. 우선 먹지 않으면 우리는 살 수 없습니다. 인간만이 아니라 모든 생명체가 어떤 식으로든 영양분을 섭취하지 않으면 존재할 수가 없지요. 이를 식욕이라고 합니다. 배고프면 배를 채우고자 하는 기본적인 욕망이 없으면 머지않아 죽게 되므로, 식욕은 생존을 위해서는 꼭 필요한 것입니다.

그 다음으로 수면욕이 있습니다. 잠을 자야 삽니다. 잠을 자지 않고 생활하는 것은 불가능하죠. 학교 시험 공부나 취직 시험 혹은 승진 시험을 앞두고 며칠 간 밤을 새워 공부할 수는 있어도 영원히 잠을 자지 않을 수는 없습니다. 사랑하는 사람을 잃고 그리움에 혹은 죄책감에 몇 날 며칠을 눈물로 지새우는 사람도 있습니다.

그러나 결국 시간이 흘러 감정이 추슬러지면 기절하듯 잠속으로 빠져듭니다. 살아야 하기 때문이죠. 고문 가운데 가장 악랄한 고문이 잠을 못 자게 하는 고문이라고 하듯, 수면욕은 인간의 본질적 욕망 가운데 가장 강력한 욕망이라고 할 수 있습니다.

한 가지 예를 들어 보겠습니다. 한국전이 한창 격렬할 때, 한 부대는 북한군과 대치하며 후속부대가 오기까지 일주일 간 밤낮으로 전투를 벌였다고 합니다. 후속부대에게 전선을 맡기고 후방으로 돌아왔을 때 일주일 간 아무것도 먹지 못한 부대원들에게 식사가 제

공되었으나 부대원들 누구도 먹지 않고, 대신 잠을 잤다고 합니다. 식욕보다 수면욕이 더 강한 것을 보여주는 예화라 하겠습니다.

그래서일까요. 수행자들에게 가장 어려운 것이 수면욕을 정복하는 것이라고 합니다.

달마대사께서 부처님의 법을 갖고 중국으로 오셔서 9년 간 면벽좌선을 했다는 이야기는 너무도 유명합니다. 이때 달마대사가 졸음을 쫓기 위해 눈썹을 뽑아버린 곳에 한 그루의 나무가 자랐으니, 그것이 바로 차나무가 되었다는 전설이 있습니다.

그래서 이후 스님들은 차를 마시며 잠을 쫓아가며 수행했다고 하죠. 사실 차는 정신을 맑게 하는 효능이 있지요.

어쨌든 수행을 하고자 하는 사람이라면 마땅히 잠을 다스릴 줄 알아야 합니다. 어디 수행뿐이겠습니까. 어떤 일을 하든 잠에 빠져 시간을 낭비하면 되는 일이 없을 것입니다. 그래서 부처님은 다음과 같이 우리들에게 간곡히 당부하고 계십니다.

> 일어나서 앉아라. 잠을 자서 그대들에게 무슨 이익이 있는가. 화살에 맞아 고통받고 괴로워하는 자에게 잠이 도대체 웬말인가.(Sn. 331)

《숫따니빠따》에 나오는 말씀입니다. 우리들의 가슴에는 화살이 박혀 있습니다. 부처님의 눈으로 보면 그렇습니다. 그 화살은 다름 아닌 번뇌의 화살이며 욕망의 화살입니다. 가슴에 박힌 화살을 빨리 뽑아 버려야 하거늘 화살이 박힌 줄도 모르고 잠만 자고 있으니 부처님의 눈에는 얼마나 안쓰럽겠습니까.

마지막으로 성욕입니다. 색욕이라고도 하며, 성적인 욕망을 말합니다. 쇼펜하우어는 아무리 로맨틱한 정신적 사랑을 나눈다고 자부해도 근본적으로는 성욕을 근거로 한다고 말합니다.

또한 문학작품에 나오는 애절한 남녀의 러브스토리는 모두 성욕 속에 강력하게 깃들어 있는 자기 보존

본능의 표현이라고도 했습니다. 정말로 탁견이 아닐 수 없습니다.

불교에서는 이 세상을 욕계라는 말로 설명합니다. 욕망으로 이루어진 세계란 말입니다. 성욕이라고 하는 욕망이 없으면 이 세계는 존재할 수 없습니다. 비단 인간들만이 아니라 이 세상에 존재하는 거의 대부분이 암수의 결합으로 이루어집니다. 단세포 생물이 세포분열을 통해 개체수를 늘리는 것은 성적인 결합이 아니더라도 결국은 존재하고자 하는 욕망의 결과로 볼 수 있지 않을까요.

여하튼 이 성욕은 인간에게 있어서는 참으로 해결하기 어려운 문제입니다.

> 사랑은 위대한 철학자, 과학자, 작가들의 연구실까지 불쑥불쑥 찾아와 수치스러운 염문을 일으키기도 하고, 친구의 깊은 우정도 순식간에 끊어 버리며 건강과 부귀영화도, 높은 지위나 권력도, 참으로 소중한 행복도 간단히 파괴하는 위력적인 폭약이다.

쇼펜하우어의 말입니다. 플라톤은 《국가》에서 인생의 행복은 노년기에 온다고 말합니다. 그 이유는 장년기까지 끝없는 번민과 고뇌의 근원이었던 성욕으로부터 해방되었기 때문이라고 합니다. 성적인 욕망이 얼마나 사람을 괴롭히는 것인지에 대한 명쾌한 통찰이 아닐 수 없습니다.

이렇듯 성욕/사랑은 이성을 마비시키는 위력을 가지고 있습니다. 연애를 하면 눈꺼풀이 씌운다는 말을 합니다. 다른 사람에게 다 보이는 단점이 연애하는 당사자에게만 보이지 않는다는 의미라고 합니다. 보이지 않을 뿐만 아니라 단점이 오히려 사랑스럽기까지 합니다.

그래서 부처님은 성욕을 특히 경계하시면서, 성욕을 다스리지 못하면 파멸에 이른다고 경고하고 계십니다.

여태까지는 홀로 살다가 나중에 성행위에 탐닉하는 자는

수레가 길에서 벗어나는 것과 같습니다. 세상 사람들은 그를 비속한 자라고 부릅니다.(Sn. 816)

이제껏 그가 가졌던 명예와 명성을 다 잃게 됩니다. 이 일을 보고 성행위를 끊도록 공부해야 합니다.(Sn. 817)

성적 욕망은 한순간에 모든 것을 앗아갈 수 있음을 경고하신 것입니다.

사실 성적인 욕망 때문에 자신이 쌓아 올린 명예와 명성을 잃고 세상 사람들에게 손가락질 당하는 예를 우리는 어렵지 않게 봅니다. 빌 클린턴 전 미국 대통령도 섹스스캔들로 큰 곤혹을 치르고 망신을 당했습니다. 뿐만 아니라 유명 정치인, 관료, 배우 등 한순간의 성적 쾌락 때문에 일신을 망친 사람을 우리는 어렵지 않게 봅니다.

이렇듯 식욕, 수면욕, 성욕이 욕망의 대표적인 내용입니다. 갈애는 바로 이러한 욕망을 수반합니다. 그런데 고통의 원인인 갈애는 또한 위에서와 같이 욕망의 대상에 대한 갈애, 존재에 대한 갈애, 비존재에 대한 갈애로 나뉩니다.

욕망의 대상에 대한 갈애는 원어로는 까마땅하 Kāmataṇhā인데, 여기서 까마 kāma는 보통 욕망으로 번역되지만 정확하게 표현하면 '욕망의 대상' 즉 이성을 의미합니다. 남자에게는 여자가, 여자에게는 남자가 바로 까마인 것이지요.

인도의 유명한 고전 가운데 《까마수뜨라》가 있습니다. 말 그대로 성sex을 주제로 한 문헌입니다. 영화로도 만들어져 국내에 소개가 된 적도 있습니다. 욕망의 대상에 대한 갈애는 바로 성적 욕망을 말합니다.

존재에 대한 갈애는 말 그대로 생존에 대한 욕망입니다. 이 세상이 영원히 존재한다고 보고, 자신도 역시 영원히 존재하고자 하는 욕망을 말합니다.

이와 반대로 비존재에 대한 갈애는 소멸에 대한 욕망을 말합니다. 이 세상이 빨리 끝나버려 아무것도 없는 상태로 되길 바라는 것이지요. 죽으면 모든 것이다 해결된다고 생각하는 사람들이 갖는 욕망입니다.
 부처님은 이러한 욕망, 갈애가 바로 고통의 원인이라고 통찰한 것입니다. 부처님은 바로 이 점을 깨닫고 욕망의, 갈애의 뿌리를 뽑아버리신 것입니다.

04

고통이 소멸된 상태

이것은 불교의 지향점을 말합니다. 고통을 완전히 소멸시킨 상태를 해탈 혹은 열반이라고 합니다.

비구들이여, 이것이 고통의 소멸이라는 성스러운 진리이다. 오직 저 갈애를 남김없이 떠나고, 없애고, 포기하고, 버리고, 해탈하고, 집착하지 않는 것이다.

사성제의 세 번째 항목입니다. 이것은 불교의 지향점을 말합니다. 고통을 완전히 소멸시킨 상태를 해탈 혹은 열반이라고 합니다. 이로써 해탈이나 열반의 의미가 확실해집니다.

해탈이나 열반은 어떤 신비적이고 초월적인 특수한 정신세계를 의미하는 것이 아닙니다. 단지eva 갈애의 뿌리를 완전히 뽑아 버려 다시는 갈애 때문에 우왕좌왕하지 않고, 마음이 그야말로 자유로운 상태가 된 것을 말합니다.

> 헤마카여, 이 세상에서 보이고, 들리고, 생각되고, 식별된 사랑스러운 대상에 대해서 욕망과 탐욕이 제거된 것이 흔들리지 않는 열반의 경지입니다.(Sn. 1086)

헤마카라고 하는 바라문교의 수행자가 갈애를 소멸시키는 진리가 무엇인지 부처님께 여쭙는데, 그에 대한 부처님의 대답입니다.

우리는 이 세상을 보고 · 듣고 · 냄새 맡고 · 맛보고 · 느끼는 다섯 가지 감각기관오감을 갖고 살아갑니다. 그리고 오감을 통해 들어온 데이터들을 의식이라고 하는 작용을 통해 분석하고 판단합니다. 그 결과 우리는 각자의 기호嗜好를 갖고 살아가게 되죠.

그래서 아름다운 여성을 보거나, 잘 생긴 남자를 보면 대부분 사람들은 호감을 나타냅니다. 적나라하게 표현하면 성적인 욕망이 일어나는 것이지요. 고급차를 보고는 이리 보고 저리 보며 어찌할 줄 몰라하는 것, 소유의 욕망이 일어난 것입니다.

맛난 냄새가 코끝을 자극하면 식욕이 일어납니다. 아름다운 선율이 흘러나오면 귀를 쫑긋이 세웁니다. 듣고자 하는 욕망이 일어나는 것이지요. 이렇듯 욕망을 일으킨 내용들은 기억을 통해 저장되고, 우리는 대상이 없어도 기억을 불러내어 추억하며 욕망을 향유합니다.

반대의 경우도 마찬가지입니다. 싫어하는 사람을 보면 혐오하고, 역겨운 냄새를 맡으면 멀찌감치 도망갑니다. 듣기 싫은 고함이나 싸움 소리가 들리면 귀를 틀어막습니다. 이러한 것도 모두 욕망의 다른 표현입니다. 좋아하는 것을 찾는 것뿐만 아니라, 싫어하는 것을 멀리하는 것 또한 욕망인 것이지요.

이러한 모든 욕망과 탐욕의 본질을 명확히 파악하여 그것을 제거한 상태가 바로 열반의 경지입니다. 이러한 상태에 도달한 수행자는 오감을 통해 들어온 감각 데이터에 마음이 흔들리지 않습니다. 집착하지 않기 때문이며, 대상을 왜곡해서 인식하지 않기 때문입니다. '있는 그대로' 대상의 본질을 꿰뚫어 봄으로써 대상을 통해 즐거움을 구하지 않는 것이지요. 그렇게 되면 마음은 항상 번뇌가 없이 평온하여, 이 세상에서 집착을 건넌 자가 됩니다.

그런데 사실 이 경지는 앎을 통해서 얻어지는 경지가 아닙니다. 체험의 경지이며 체득의 경지로 스스로 이 경지에 도달하지 않으면 알 수 없는 것입니다.

그래서 부처님도 이 열반의 경지를 '고요하다, 평온하다, 청정하다, 청량하다, 흔들림이 없다, 번뇌와 집착이 소멸되었다'와 같은 말로 비유적으로 설명하고 계십니다. 스스로의 마음 상태와 비교해 보면, 어렴풋이 알 수 있을 것 같습니다.

여하튼 이러한 열반의 경지에 도달하는 것이 바로 불교의 최종 목적인 것이지요. 사성제의 마지막 네 번째는 최종 목적지에 도달하는 방법에 대한 것입니다.

05 고통을 소멸하는 방법(도성제)

고통을 소멸하는 방법으로 제시된 것은 '팔정도' 즉 여덟 가지 바른 길입니다.

비구들이여, 이것이 고통의 소멸로 이끄는 방법이라는 성스러운 진리이다. 실로 이것은 성스러운 여덟 가지 방법이다. 이것은 이와 같다. "정견, 정사, 정어, 정업, 정명, 정정진, 정념, 정정"이다.

고통을 소멸하는 방법으로 제시된 것은 '팔정도' 즉 여덟 가지 바른 길입니다. 불교에 관심이 있는 사람이라면, 혹은 부처님 오신 날 절에 가서 설법을 들어 본 적이 있는 사람이라면 한번쯤을 들어 보았을 내용이지요.

우리말로 풀어보자면, 바른 견해, 바른 결심, 바른 말, 바른 행위, 바른 생계, 바른 노력, 바른 알아차림, 바른 삼매가 됩니다. 이 내용은 앞서 팔정도 편에서 자세히 언급했기에, 여기에서는 생략하도록 하겠습니다.

제5장

세 가지 배움 : 삼학

01

삼학은 불교의 체계를 가장 간명하게 나타낸 것이라고 할 수 있습니다.

삼학이 중요한 까닭

제3장에서 언급했듯이 팔정도는 바른 삼매를 정점으로 하는 수행도와 삼학三學 : 계율, 선정, 지혜으로 이해되는 수행도의 두 가지가 있습니다.

본 장에서는 삼학의 내용을 살펴보겠습니다. 아울러 팔정도를 삼학 체계로 이해할 때, 바른 삼매를 정점으로 하는 이해와 어떤 점에서 차이가 있는지에 대해서도 이야기해 보고자 합니다.

삼학은 불교의 체계를 가장 간명하게 나타낸 것이라고 할 수 있습니다. 그러나 삼학이란 체계는 부처님이 정각을 이룬 후 바로 세워진 것은 아닙니다. 어느 정도의 시간이 필요했습니다.

부처님은 철학적 이론을 구축하고자 한 이론가가 아니라 그야말로 실천을 통해 해탈을 성취한 수행자였기에, 우리가 알고 있는 철학적 이론 체계는 승단의 성립과 더불어 차츰 체계를 갖추게 된 것으로 이해하는 것이 합리적일 것입니다. 그래서 삼학은 당신의 수행이력을 검토하여 정비한 것으로 보는 것이 타당할 것입니다.

여하튼 삼학은 일단 체계화된 이후로 기존의 정려를 중심으로 한 수행체계를 뛰어넘어 불교의 정통적인 해석방식으로 굳건히 자리를 지키게 됩니다. 후대의 붓다고사 스님 역시 《청정도론 Visuddhimagga》에서 불교를 삼학의 체계로 정리한 것은 유명합니다.

그럼 삼학의 수행도와 정려 수행도는 어떤 차이가 있는 것일까요. 우선 삼학은 제3장에서 잠시 언급했지만, 지혜를 정점으로 해서 체계화된 수행도입니다.

즉 지혜를 얻기 위해 계와 정을 하위개념으로 두고 있는 수행체계인 것입니다.

그리고 지혜를 얻는 방식은 '무상-고-무아-연기'라고 하는 일련의 관찰법에 의존합니다. 이는 존재의 특성인 무상을 관찰함으로써 고통과 무아와 연기라고 하는 보편적 특성에 대한 자각이 연속적으로 일어나는 것을 말합니다. 이렇게 되면 존재에 대한 집착과 욕망을 벗어나 해탈에 이를 수 있다는 것이 바로 삼학 수행의 체계인 것이지요.

이에 반해 정려 수행도는 앞서 제3장에서 보았듯이, 깊은 삼매를 정점으로 해서 구축된 수행도입니다. 그렇기 때문에 깊은 삼매 상태에서 명확한 알아차림을 통해 대상과 내가 완전하게 파악됨으로써 정서적인 번뇌가 극복되어 해탈을 성취하게 되는 체계라는 점에서 삼학의 체계와 구별된다고 하겠습니다.

삼학은 초기 경전에서 매우 중요하게 설해지고 있습니다. 그 내용을 경전에서 확인해 보겠습니다.

지혜가 없는 사람에게 정려는 없다. 정려를 닦지 않는 사람에게 지혜는 없다. 정려와 지혜를 갖춘 사람이야말로, 이미 열반에 가까이 다가간 사람이다.(Dhp. 372)

사리불처럼 지혜와 계와 적정에 의지해서 피안에 도달한 비구는 가장 뛰어난 사람이다.(SN. I, p.34)

계와 함께 널리 닦인 정은 결과도 크고 이익도 크다. 정과 함께 널리 닦인 혜는 결과도 크고 이익도 크다. 혜와 함께 널리 닦인 마음은 애욕의 번뇌, 생존의 욕망, 견해에 대한 욕망, 무지의 번뇌라는 온갖 번뇌로부터 해탈한다.(DN. II, p.81)

또한 한역《유행경》에는 다음과 같은 내용이 전한다.

내 나이 29세에 출가해서 바른길을 구했다. 수발(부처님 최후의 제자)이여, 내가 성불한 지 이미 50년이 되었구나. 계·정·혜를 실천하며 홀로 사유하라. 이제 법의 요체를 설하니 이 밖에 사문은 없다.(《대정장》 제1권, p.25)

이와 같이 계정혜 삼학은 무엇보다도 번뇌와 고통을 벗어나고자 하는 수행자라면 반드시 닦아야 하는 수행덕목으로 제시되고 있습니다.

 여기에서 계학이란 계의 각 항목을 잘 지키는 것을 말하는데, 그 내용은 몸과 말과 생각으로 짓는 세 가지 나쁜 행위를 그치고 선을 행하는 것을 말합니다.

 정학이란 정신을 고요히 하여 안정시키고 통일시켜 마음을 산란하게 하지 않는 것을 말합니다. 따라서 정려 수행도의 정려와는 그 깊이에 있어 차이가 난다고 보면 됩니다.

 혜학이란 계학과 정학을 바탕으로 존재의 무상을 살펴 지혜를 갖추는 것을 말합니다.

 그럼 이 각각의 내용을 구체적으로 살펴보도록 하겠습니다.

02

계는 빨리어로 sīla라고 합니다. 이는 일종의 도덕적 원리입니다.

계학 - 자기 통제를 통해 행복으로 이끄는 원리 -

계는 빨리어로 sīla라고 합니다. 이는 일종의 도덕적 원리입니다. 도덕, 혹은 윤리란 보통 '~해서는 안 된다' 혹은 '~해야 한다'라고 하는 강제성을 띤 명령문의 형식을 취합니다. 그래서 불교에서 제시하는 '계' 역시 그 내용을 보면 명령문의 형식입니다.

① 살생하지 말아라.
② 도둑질하지 말아라.
③ 사음하지 말아라.
④ 거짓말하지 말아라.

⑤ 술 마시지 말아라.

 그러나 불교에서 말하는 계는 단순히 '~해서는 안 된다'는 내용만으로는 설명이 부족합니다. 어린아이도 무조건 하지 말라고 하면 수긍하지 못하는 경우가 많지 않습니까? 하물며 성인에게야 말할 필요도 없을 것입니다. 그럼 부처님은 계율을 어떻게 설하셨을까요.

① 장자여, 생명을 죽이는 사람은 생명을 죽이는 것을 인연으로 하여 현생에서 두려움과 증오를 낳는다. 또한 내생에서 두려움과 증오를 낳는다. 그리고 정신은 고통과 근심을 경험한다. 그러나 생명을 죽이는 것을 삼가는 사람에게는 이와 같은 두려움과 증오가 가라앉는다.
② 장자여, 주지 않는 것을 취하는 사람은 주지 않는 것을 취하는 것을 인연으로 하여 현생에서 두려움과 증오를 낳는다. 또한 내생에서 두려움과 증오를 낳는다. 그리고 정신은 괴로움과 근심을 경험한다. 그러나 주지 않는 것을 취하는 것으로부터 삼가는 사람에게는 이와 같은 두려움과 증오가 가라앉는다.
③ 장자여, 이성에게 잘못된 행위를 하는 사람은 이성에

게 잘못된 행위를 하는 것을 인연으로 하여 현생에서 두려움과 증오를 낳는다. 또한 내생에서 두려움과 증오를 낳는다. 그리고 정신은 괴로움과 근심을 경험한다. 그러나 이성에게 잘못된 행위를 삼가는 사람에게는 이와 같은 두려움과 증오가 가라앉는다.

④ 장자여, 거짓말을 하는 사람은 거짓말을 인연으로 하여 현생에서 두려움과 증오를 낳는다. 또한 내생에서 두려움과 증오를 낳는다. 그리고 정신은 괴로움과 근심을 경험한다. 그러나 거짓말을 삼가는 사람에게는 이와 같은 두려움과 증오가 가라앉는다.

⑤ 장자여, 곡주와 과실주와 [그 외의 모든] 취하는 것에 의해 방일한 상태에 있는 자는 곡주와 과실주와 [그 외의 모든] 취하는 것에 의한 방일한 상태를 인연으로 하여 현생에서 두려움과 증오를 낳는다. 또한 내생에서 두려움과 증오를 낳는다. 그리고 정신은 괴로움과 근심을 경험한다. 그러나 곡주와 과실주와 [그 외의 모든] 취하는 것에 의한 방일한 상태를 삼가는 사람에게는 이와 같은 두려움과 증오가 가라앉는다.(SN. II, pp.68-69)

부처님이 기원정사에서 아나따삔디까 장자_{급고독 장자}에게 설하신 내용입니다.

이 앞에는 예류에 관한 내용이 설해져 있습니다. 예류란 불교에서 말하는 네 단계의 성인 중 첫 번째 성인을 말합니다. 예류가 되면 절대로 삼악도^{지옥·아귀·축생}에 떨어지지 않으며 깨달음이 약속된 존재가 됩니다. 이러한 예류가 되기 위해서 설해진 것이 위의 오계의 내용입니다.

그 내용을 보면 단순히 '오계를 지켜라'는 것이 아님을 알 수 있습니다. 오계를 지킴은 결국 나의 행복과 직결되는 문제이기 때문에 지키라는 것입니다.

어느 책에선가 달라이 라마께서는 불교를 배우는 것은 행복을 위해서라고 말씀하신 적이 있습니다. 우리가 계를 지키고 수행을 하는 것은 결국은 행복을 위한 것입니다. 다른 생명을 죽이거나 거짓말을 하면 지금 이곳에서 두려움과 증오를 결과로서 경험하게 되며, 그것은 내생으로까지 불행의 씨앗을 전해주게 됩니다.

내가 누군가를 죽이거나 다른 생명을 다치게 하면,

나는 언젠가 닥칠 보복에 두려워하게 되며, 나에게 해를 입은 누군가 혹은 생명은 나에 대한 증오를 품을 것입니다. 이러한 삶은 결코 행복한 삶이 될 수 없겠지요. 그렇기에 부처님께서는 다른 생명을 해치지 않는 것이 두려움과 증오로부터 자유로워지는 길임을 설하신 것입니다.

세상을 떠들썩하게 하는 뉴스가 있습니다. 경기도 일대에서 여성들을 상대로 연쇄살인을 저지른 사건입니다. 이는 오계의 첫 번째와 세 번째, 그리고 네 번째를 범한 것입니다. 첫 번째는 살인을 저질렀으니 당연한 것이고, 세 번째는 그 피해 여성들을 성폭행했기에 그렇습니다. 그럼 네 번째는 왜 해당될까요. 자신의 범행을 숨기고자 한 것이 거짓말이기 때문입니다.

이 세상에 완전 범죄란 없습니다. 물론 해결되지 않고 미제로 남는 사건도 많이 있지만, 그것은 자기 자신과 피해자가 알고 있다는 점에서 완전 범죄가 될 수 없습니다. 결국 두려움과 증오를 낳는 것을 막을 수 없는 것이지요.

따라서 계는 스스로가 자발적으로 자신을 통제하는 원리라고 할 수 있습니다. 누가 시켜서 하는 것이 아닌 것입니다. 다른 사람이 행복하라고 시켜야 행복을 추구하는 사람은 없을 것입니다. 나의 행복을 위해서 자신을 스스로 통제하는 것, 그것이 바로 계의 의미입니다.

위에서 본 오계를 분석해 보면, 보다 명확하게 이해할 수 있을 것입니다.

불살생, 불투도, 불사음, 불음주 – 행위와 관련된 것
불망어 – 말과 관련된 것

이처럼 오계는 신체적 행위와 언어적 행위로 구분됩니다. 여기에 '생각/의도'를 더하게 되면 삼업이 됩니다. 몸과 말과 생각의 세 가지로 행위가 이루어진다는 의미입니다. 오계에서는 '생각이나 의도'가 나타나 있지 않지만, 이것은 그 배경에 놓여 있는 것으로 이

해하여야 합니다. 우리가 무엇을 행위하고 말한다는 것은 반드시 그에 앞서 어떤 의도나 생각을 갖고 있다는 것이 되기 때문입니다.

부처님은 바로 '생각/의도'의 중요성을 무엇보다도 강조하셨습니다. 그 내용을 살펴보기 전에, 삼업에 해당하는 부처님의 설법을 정리해 보겠습니다.

> 몸으로 하는 행위(세 가지) : 생명을 죽이는 것, 주지 않는 것을 취하는 것, 옳지 못한 성행위를 하는 것.
> 말로 하는 행위(네 가지) : 거짓말하는 것, 이간질하는 것, 악담하는 것, 쓸데없는 잡담하는 것.
> 의도로 하는 행위(세 가지) : 탐욕을 부리는 것, 악의를 품는 것, 잘못된 견해를 갖는 것.(MN. I, pp.286-287 내용 정리)

여기서 몸으로 하는 행위신업는 이미 살펴보았습니다. 말로 하는 행위구업 가운데에서 다른 사람을 이간질 시키는 말이나, 저주하거나, 욕하는 악담은 물론이거니와 쓸데없이 잡담하는 것도 말로 짓는 바르지 못한 행위입니다. 이른바 '~카더라' 통신으로 말하는 사람이나 듣는 사람에게 어떠한 이익도 주지 못하는 것이 바로 쓸데없는 잡담에 해당합니다.

마지막으로 의도로 하는 행위입니다. 그 내용은 탐욕과 악의와 잘못된 견해로 되어 있습니다. 브롱코스트Bronkhorst라고 하는 학자는 "붓다는 윤회의 원인이 되는 것으로 육체적 활동을 인정하지 않았다. 오히려 그 배후에 있는 의도에 관심을 기울였다. '갈애trsnā'의 중요성에 관한 수많은 문장들은 이러한 견해와 일치한다. 갈애는 의도와 밀접하다. 그것은 육체적 활동 속에서 스스로를 표현할 수 있다. 하지만 그것과는 분명히 구분된다."는 말로 의도의 중요성을 강조하고 있습니다.

그는 의도를 설명하기 위해 갈애를 말했지만 위의 경전에서는 탐욕abhijjhālu이란 말로 설명하고 있습니다. 경전에서 설명되는 탐욕은 내 것이 아닌 것에 쓸데없이 욕심을 부리는 것을 말하기 때문에 갈애의 내용과 정확히 일치하지 않지만, 갈애에 포섭되는 개념으로 볼 수 있습니다.

여하튼 이러한 의도나 생각이 도둑질이나 강도 상해로 이어지게 되는 것이지요. 악의는 다른 사람을 증오하여 잘못되기를 바라거나 죽기를 바라는 것을 말합니다. 그리고 잘못된 견해는 보시를 하건, 공양을 하건, 제사를 지내건 아무런 공덕이 없다고 하는 견해를 말합니다.

또한 선행을 하거나 악행을 해도 그에 상응하는 결과가 없다고 하는 도덕 부정론자의 견해를 말하며, 부모 형제도 없고, 저 세상도 없고, 윤회도 없다고 생각하는 것을 말합니다. 이러한 견해를 갖고 있는 사람이라면 그가 취할 행위는 보지 않아도 알 수 있습니다.

자 그럼, 마지막으로 팔정도에서 계학에 해당하는 것을 살펴보도록 하겠습니다. 팔정도의 항목 가운데 계학에 해당하는 내용은 '바른 언어, 바른 행위, 바른 생계'가 됩니다. 이 가운데 앞의 두 가지는 삼업의 내용에서 몸으로 하는 행위와 말로 하는 행위에 해당하는 것을 하지 않을 뿐만 아니라, 그러한 것과 반대되는 행위를 적극적으로 하는 것을 말합니다. 중복되지만 다시 한 번 정리해 보겠습니다.

바른 언어 : 진실된 말을 할 것, 화합과 조화로운 말을 할 것, 의미 있고 비난받지 않을 말을 할 것.
바른 행위 : 다른 생명을 살리는 행위, 베푸는 행위, 바람직한 성생활.

그런데 바른 생계는 제3장에서 고찰했을 때는 '탁발'에 초점을 맞추어 설명을 했습니다. 이것은 앞서 언급했듯이 출가수행자를 위한 수행도이기 때문입니다.
그럼 재가자의 경우는 어떠할까요. 《앙굿따라 니까야》에 보면 바른 생계를 다음과 같이 설명합니다.

바른 생계 : 무기 등 살생 도구를 거래하지 말 것, 도살을 위한 생명을 거래하지 말 것, 사람(노예)을 거래하지 말 것, 술 등을 거래하지 말 것, 독약을 거래하지 말 것.

이것이 바로 재가자가 피해야 할 생계수단으로 제시된 것들입니다. 현대 사회와 같이 육식문화가 발달하고 주점이 많은 것을 감안한다면, 적어도 무기 거래나 인신매매, 독약 거래는 어떠한 경우에도 해서는 안 되는 것이지요. 특히 인신매매는 요즘도 심심치 않게 보도되고 있지요. 돈 대신에 사람을 사고파는 행위는 예나 지금이나 비난받아 마땅한 일입니다.

자, 이렇게 보면 불교에서 말하는, 아니 부처님께서 말씀하신 계율은 다른 종교에서 말하는 것과 차이가 있다는 것을 눈치챘을 것입니다. 즉 불교의 계율은 천부적인 것, 말하자면 하늘의 명령이 아니며 자연의 이치가 아닙니다. 인간 사회의 약속이며 나와 타자와의 관계 설정의 문제입니다. 그 속에서 나와 남의 행복을 추구하는 것이 바로 불교가 말하는 계율의 의미입니다.

결국 인간은 인간과의 관계, 나아가 환경과의 관계 속에서 살아갈 운명이기 때문입니다. 오계의 내용을 확장하여 해석하면 환경 문제와도 연결되기에 오계에 환경이 빠져 있다고 의아해 할 필요는 없을 것입니다.

03

팔정도에서 정학에 해당하는 것은 바른 노력, 바른 알아차림, 바른 정려입니다.

정학 – 집중을 통해 행복으로 이끄는 원리

삼학의 두 번째 항목은 정定입니다. 정려, 선정으로 이해하면 됩니다. 정려는 jhāna라고 하는 빨리어의 음사어, 즉 소리를 따라 번역한 것이고, 선정은 의미를 따라 번역한 것입니다.

정려/선정에 대해서는 이미 팔정도의 바른 정려에서 그 내용을 살펴보았습니다. 그러나 삼학에서 정려는 앞서 제3장에서 본 정려를 정점으로 한 수행도에서의 정려와는 그 위상이 다릅니다. 삼학에서 정려는 어디까지나 지혜를 밝히는 이전 단계로서의 위치를 갖고 있을 뿐입니다. 그렇다고 해서 정려의 중요성이 간과된 것은 아닙니다. 반드시 수행자라고 하면 익혀야 할 덕목임에는 틀림없으니까요.

팔정도에서 정학에 해당하는 것은 바른 노력, 바른 알아차림, 바른 정려입니다. 《맛지마 니까야》 3권의 〈진리분별의 경 Saccavibhaṅgasutta〉에 보면 팔정도를 삼학의 체계로 정리한 내용이 나오는데, 거기서 정학에 해당하는 것을 살펴보겠습니다.

바른 노력 – 사정근(四精勤)
바른 알아차림 – 사념처(四念處)
바른 정려 – 사정려(四靜慮)

〈진리분별의 경〉에 따르면 정학의 내용은 사정근·사념처·사정려임을 알 수 있습니다. 이 가운데 사정근과 사정려는 이미 살펴보았기에, 여기에서는 사념처를 중심으로 그 내용을 알아보도록 하겠습니다.

정려 수행도에서 바른 알아차림은 비판단적 관찰로

써 대상을 있는 그대로 바라보는 것이라고 했습니다. 그러면 삼학 체계에서 사념처로 제시되고 있는 바른 알아차림은 그 내용이 다른 것일까요? 그렇지는 않습니다. 사념처는 알아차림 수행을 네 가지로 구체화 한 수행법을 의미합니다.

그러나 정려 수행도에서의 위상과 삼학에서의 위상에는 분명한 차이가 있습니다. 정려 수행도에서 싸띠, 즉 알아차림은 정려 수행에서 제3정려에서부터 나오고 있으며, 제4정려에서 해탈 성취와 관련합니다.(제3장 10. 바른 정려 항목을 참조.) 그러나 삼학 수행도에서 싸띠는 어디까지나 지혜를 발현시키는 것으로 해탈 성취는 발현된 지혜를 통해서 이루어지게 되는 것에서 차이를 갖습니다.

중앙승가대학교에서 발간한 《초기불전》 제2호에서는 《대념처경》에 의거한 위빳싸나 수행에서 이 싸띠라는 행법을 연속적으로 이어갈 수 있을 때 무상·고·무아라는 삼법인을 마침내 볼 수 있다고 하는 우판디따 사야도Sayadaw U Pandita의 견해를 소개하고 있습니다. 싸띠를 통해서만이 무상·고·무아가 온전히 인식될 수 있음을 강조한 것입니다.

이러한 싸띠[念]에 대한 이해를 바탕으로 사념처의 내용을 보겠습니다. 사념처는 위빳싸나 수행에서 대단히 중요한 위치를 갖는 수행법입니다. 사념처는 간단히 말하자면 몸과 느낌과 마음과 현상에 대하여 싸띠, 즉 관찰하여 알아차리는 것을 말합니다. 다시 말하면 관찰하여 알아차려야 할 대상을 네 가지로 구분하여 설한 것이지요.

사족이지만, 싸띠는 슈미트하우젠Schmithausen이나 브롱코스트와 같은 학자들에 따르면 자이나교 전통에서 먼저 사용되었다고 합니다. 그러나 싸띠를 온전한 수행체계로 발전시킨 것은 불교의 독자적인 공입니다.

그럼 사념처에서 관찰해야 할 현상들이 어떠한 것들인지 목록을 제시해 보도록 하겠습니다.조금 길고 번쇄하게 보일지도 모르지만 관찰의 내용을 일별하는 것도 중요합니다.

1) 몸에 대한 관찰(14가지)

1-1. 호흡에 대한 관찰[入出息念]

1-2. 움직임에 대한 관찰[行住坐臥]

1-3. 바른 앎에 대한 관찰[正知] : 일상생활의 활동

1-4. 육체에 대해 싫어하는 마음을 일으키는 관찰 :
몸의 구성물(32가지)

1-5. 네 가지 요소에 대한 관찰[四大 : 地水火風]

1-6.~1-14. 묘지에서 아홉 가지 관찰

2) 느낌에 대한 관찰(9가지)

2-1. 즐거운 느낌

2-2. 괴로운 느낌

2-3. 즐겁지도 괴롭지도 않은 느낌

2-4. 육체적으로 즐거운 느낌

2-5. 육체적으로 괴로운 느낌

2-6. 육체적으로 즐겁지도 괴롭지도 않은 느낌

2-7. 정신적으로 즐거운 느낌

2-8. 정신적으로 괴로운 느낌

2-9. 정신적으로 즐겁지도 괴롭지도 않은 느낌

3) 마음에 대한 관찰(16가지)

3-1. 탐욕이 있는 마음

3-2. 탐욕이 없는 마음

3-3. 성냄이 있는 마음

3-4. 성냄이 없는 마음

3-5. 어리석음이 있는 마음

3-6. 어리석음이 없는 마음

3-7. 혼미한 마음

3-8. 산란한 마음

3-9. 넓은 마음

3-10. 크지 않은 마음

3-11. 위가 있는 마음

3-12. 위가 없는 마음

3-13. 집중된 마음

3-14. 집중되지 않은 마음

3-15. 해탈된 마음

3-16. 해탈되지 않은 마음

4) **법(法) : 총체적(정신적 · 육체적) 현상 관찰(5가지)**

4-1. 오개(五蓋)에 대한 관찰 : 욕망, 성냄, 혼침과 수면, 도거악작, 의심

4-2. 오취온(五取蘊)에 대한 관찰 : 집착의 5가지 무더기

4-3. 십이처(十二處)에 대한 관찰 : 인식기관과 인식대상

4-4. 칠각지(七覺支)에 대한 관찰 : 깨달음의 일곱 가

　　　　지 요소
4-5. 사성제에 대한 관찰
4-5-1. 고성제
4-5-2. 집성제
4-5-3. 멸성제
4-5-4. 도성제 (이상, 《초기불전》 제2호, pp.14-16 정리)

　위의 관찰하여 알아차려야 할 내용을 보면, 몸에 대해서는 육체의 더러움과 무상함에 초점이 맞추어져 있고, 느낌과 마음에 대해서는 수시로 변하는 느낌과 마음의 내용에 대한 관찰이며, 법에 대해서는 욕망부터 진리의 내용에 이르기까지를 관찰하여 알아차리는 것으로 되어 있습니다.

　또한 사념처 수행은 하나의 독립적인 수행법이기도 합니다. 위의 목록을 보면, 사념처 가운데 법념처, 즉 마지막 네 번째에는 칠각지와 사성제가 그 관찰 대상으로 되어 있습니다. 이것은 사념처 수행이 사성제와 팔정도, 칠각지와 같은 다른 수행법을 모두 포섭하는 수행체계로 되어 있음을 보여주는 것입니다. 그래서 《대념처경》의 서문에는 사념처를 열반을 실현하기 위한 유일한 길 ekāyano maggo이라고 선언하고 있습니다.

그럼 이 사념처 수행의 의의는 무엇일까요. 물론 열반 실현에 있을 것입니다. 그러나 열반 실현은 우리들 재가자에게 있어서는 불가능하지는 않겠지만 출가수행자보다는 많은 장애가 있는 것이 사실입니다. 그러나 세속의 삶을 사는 일반인도 사념처 수행이 가능합니다.

그러면 사념처 수행을 하면 깨달음 외에 어떤 이익이 있을까요. 사념처 수행을 하면 탐욕과 근심이 수행한 만큼 제거되는 이익을 얻게 됩니다.

> 비구들이여, 여기 비구가 몸에 있어서 몸을 관찰하면서 열심히 바르게 알아차리고, 세상에 있어서 탐욕과 근심을 제거한 후 머문다. 느낌들에 있어서 느낌을 관찰하면서 열심히 바르게 알아차리고, 세상에 있어서 탐욕과 근심을 제거한 후 머문다. 마음에 있어서 마음을 관찰하면서 열심히 바르게 알

아차리고, 세상에 있어서 탐욕과 근심을 제거한 후 머문다. 현상(법)들에 있어서 현상을 관찰하면서 열심히 바르게 알아차리고, 세상에 있어서 탐욕과 근심을 제거한 후 머문다.(DN. II, p.290. 중앙승가대학교, 《초기불전》 제2호 참조)

사념처 수행에서 '알아차림'이라는 것은 대단한 효과가 있습니다. 보통의 경우 사람들은 화가 나거나 무엇에 흥분해 있으면 자신이 어떤 상태에 있는지 모르는 경우가 많습니다. 정신을 차렸을 때는 일이 벌어지고 난 후일 경우가 많다는 것이지요. 자기 통제가 되지 않는다는 것입니다.

물론 오늘부터 '알아차림'을 수행한다고 어제까지 불같이 화를 내던 사람이나, 심각한 우울증에 빠진 사람, 혹은 지름신이 강림하여 쇼핑 중독에 빠진 사람의 증상이 금방 나아지는 것은 아닙니다. 꾸준한 수행/훈련을 필요로 합니다. 시간이 쌓이면 쌓일수록, 자기 감정의 변화를 보다 쉽게 알아차릴 수 있게 되고, 그러면 그만큼 자신을 통제하기 쉬워지게 됩니다.

앞서 제3장에서 팔정도의 바른 알아차림에서 보았듯이 '알아차림'에는 그 자체만으로도 번뇌를 제어할 수 있는 힘이 있습니다.

이 '알아차림' 수행은 세속의 삶을 벗어난 곳이 아닌 우리들 일상생활 속에서 사람들과 부딪혀가는 공간속에서 할 수 있는 수행 중 하나입니다.

자신의 감정이나 생각의 변화에 집중하고 그 내용을 일어난 그대로 바라보는 것만으로도 충분합니다. 화가 났다는 자신의 감정을 아는 순간, 우리는 이성적으로 판단할 수 있게 되기 때문입니다. 이것이 능숙해지면 능숙해질수록 우리는 우리 삶속에서 경험하는 근심과 탐욕에서 보다 자유로워질 수 있고, 그만큼 행복해질 수 있을 것입니다.

04

참된 이치를 알면 우리는 지혜를 밝혀 무명을 깨뜨리고 괴로움에서 벗어날 수 있습니다.

혜학 - 참다운 지혜를 통해 행복에 이르는 원리

 알베르트 아인슈타인은 "무한한 것에는 두 가지가 있다. 우주와 인간의 어리석음이다. 그런데 전자에 대해서는 자신이 없다"고 말했다고 합니다. 우주가 무한한지 어떤지는 자신이 없지만, 인간이 어리석다는 것은 확실하다는 말로 이해됩니다.

 소크라테스는 자신이 아테네에서 가장 현명한 사람인 이유는 "자신은 자신이 무지하다는 사실을 알고 있기 때문이라"고 말했습니다.

 '지혜로움'의 반대말은 '어리석음'입니다. 이것을

우리는 종종 '어둠'에 비유합니다. 눈앞이 어두워 분간이 안 되듯이, 그와 마찬가지로 지혜롭지 못한 자는 옳고 그름을 제대로 분간하지 못하며, 참됨과 거짓을 분간하지 못한다는 의미에서 어둠에 비유한 것입니다. 이것을 불교식 표현으로 말하면, 무명無明, avijja이 됩니다. 말 그대로 '밝지 못함'을 의미합니다.

인간은 세상의 참된 이치에 '밝지 못하기' 때문에 괴로움을 괴로움으로 알지 못하고 달콤하고 좋은 것으로 착각한다는 것이 무명의 의미입니다. 부처님은 그러한 사실을 있는 그대로 알아 '지혜'로 세상을 밝혀 괴로움에서 벗어나는 길을, 행복의 길을 가르쳐 주신 것입니다.

그렇다면 부처님께서 설하신 참된 이치란 무엇일까요? 참된 이치를 알면 우리는 지혜를 밝혀 무명을 깨뜨리고 괴로움에서 벗어날 수 있습니다. 그것이 부처님께서 설하신 내용입니다.

참된 이치를 여기서는 앞의 계학, 정학과 마찬가지

로 팔정도를 통해 알아보도록 하겠습니다. 팔정도에서 혜학에 해당하는 것은 다음과 같습니다.

　바른 견해 – 사성제
　바른 사유 – 욕망에서 벗어난[離欲] 사유, 분노가 없는 사유, 불살생의 사유

제3장에서 본 정려 수행도에서의 바른 견해와 바른 결심과는 그 내용이 판이하게 다름을 알 수 있습니다. 정려 수행도에서 바른 견해와 바른 결심은 말 그대로 수행의 첫걸음을 위한 예비 단계에 해당했지만, 삼학 체계에서의 바른 견해와 바른 사유는 팔정도의 정점에 위치해 있음을 보여줍니다. 이것은 팔정도가 지혜를 중심으로 재해석되었음을 의미합니다.

여하튼 삼학 체계에서 바른 견해는 사성제를 의미합니다. 즉 사성제에 대한 바른 이해와 실천 수행은 지혜를 밝히는 방법이 되는 것입니다.

또한 바른 사유는 욕망이 없는 사유 혹은 욕망을 벗

어난 사유, 욕망을 떠나고자 하는 사유이며, 분노와 적의가 없는 사유, 그리고 생명을 살리고자 하는 사유가 바른 사유의 내용으로 제시되고 있습니다. 이렇게 사유하면 지혜를 밝힐 수 있게 되는 것이지요.

> 욕망에 의해 세상은 묶여 있다. 욕망의 통제로 인해 해탈한다. 욕망의 단절에 의해 모든 속박은 끊어진다.(SN. I, p.40)

> 분노가 [자신을] 정복하게 하지 말라. 분노하는 자에게 분노하지 말라. 분노하지 않고, [남을] 해하지 않는 자는 언제나 성자와 함께 산다.(SN. I, p.240)

> 살아 있는 생명은 어떤 것이나, 동물이거나 식물이거나 남김없이, 길거나 커다란 것이거나, 중간 것이거나 짧은 것이거나, 미세한 것이나 거친 것이나.(Sn. 146)

> 보이는 것이나 보이지 않는 것이나, 멀리 사는 것이나 가까이 사는 것이나, 이미 생겨난 것이나 생겨날 것이나, 모든 존재들은 행복하여지이다.(Sn. 147)

사성제를 바로 알고, 실천하며 바른 사유를 하게 되면 지혜를 성취하게 됩니다. 지혜를 성취하게 되면 바로 해탈을 성취하게 되고, 모든 괴로움에서 벗어나 진정한 행복을 얻게 되는 것이지요.

그럼, 지혜의 내용을 조금 더 살펴보도록 하겠습니다. 도대체 사성제를 바로 이해하고 실천하며, 바른 사유를 함으로써 얻어진다고 하는 지혜의 내용은 무엇일까요. 간단히 말하면 무상한 것을 무상한 것으로 아는 것, 괴로움을 괴로움으로 아는 것, 영원한 실체로서의 자아가 없음을 없다고 아는 것, 모든 존재는 관계 속에서 존재한다고 하는 것이라고 할 수 있습니다.

이것을 달리 표현하면 어떻게 될까요. 삼법인과 연기라고 할 수 있습니다. 삼법인이란 진리라고 인정된 세 가지로서 제행무상諸行無常, 일체개고一切皆苦, 제법무아諸法無我를 말합니다. 이상을 종합해서 간단히 나타내면 다음과 같습니다.

무상-고-무아-연기

존재하는 모든 것들의 참다운 모습이 이 네 마디 말로 표현될 수 있는 것이지요. 이것이 지혜의 내용이며, 이렇게 아는 자가 지혜로운 사람이며, 이렇게 철저히 알고 생활하는 것이 자유로운 삶이며, 해탈의 삶이 되는 것입니다.

'모든 형성된 것은 무상하다'고 분명한 지혜를 갖고 관찰할 때, 사람은 고통에서 멀리 떠나간다. 이것이야말로 사람이 깨끗해지는 길이다.(Dhp. 277)

모든 지어진 것들은 무상하여 생겨났다가 사라진다. 생겨나고 사라지는 것, 그것을 고요히 하는 것이 행복이다.(SN. I, p.200)

중국의 도가 철학자 장자는 부인이 죽자 동이를 두드리며 노래를 불렀다고 합니다. 이를 본 친구 혜자가 장자를 나무라며 "자네는 부인이 죽었는데, 슬프지도 아니한가?"라고 묻자, "슬프지만 모든 것은 다 계절의 변화와 같이 되풀이 되는 것일 뿐이네"라고 답했다고 합니다.

또한 유명한 끼사 고따미 이야기도 있습니다. 목숨보다도 소중한 외아들이 죽자, 마치 미친 사람처럼 울부짖는 어머니가 부처님께 아이를 살려달라고 간청합니다. 이에 부처님은 마을에 내려가 아직 한 번도 사람이 죽은 적이 없는 집에 가서 쌀 한 톨씩, 일곱 집을 돌아 받아오면 살려주겠다고 합니다.

그 어머니는 바로 마을로 가 집집마다 돌며 죽은 사람이 없는 집을 찾았으나, 결국 한 톨의 쌀도 얻지 못했습니다. 그러는 중에 그녀는 죽음이란 모든 인간이 겪어야 할 일이란 것을 자연스럽게 받아들이게 되었다는 내용입니다.

장자나 끼사 고따미의 이야기는 인간 존재의 무상함에 대해 생각해 보게 합니다. 결국 이 문제는 부처님의 출가 동기와도 연결되는 문제이기도 합니다. 영원히 젊고 건강하게 그리고 행복하게 살고자 하는 것이 모든 인간이 바라는 것입니다. 그러나 그것은 가능하지 않습니다. 비단 우리의 젊음이나 건강, 목숨만이 아니라, 이 우주에 존재하는 모든 것은 존재하는 시간의 길고 짧음만이 있을 뿐 무상한 존재라는 점에서는 똑같습니다.

그러니 무상한 것에 대해서 무상하다고 바르게 아는 것이 행복한 삶을 사는 데 꼭 필요한 지혜가 됩니다. 무상한 것을 영원히 존재한다고 믿고 집착하는 사람에게서 행복은 영원히 존재한다고 믿었던 것이 사라지는 순간에 산산이 깨지고 맙니다. 그 사람에게 상실감은 그의 모든 것을 앗아갈 수도 있습니다.

그러나 존재하는 것은 무엇이든 무상하다는 것을 잘 보아 알고 있는 사람에게는 일시적인 슬픔은 있을지언정, 상실감에 잠 못 이루며 괴로워하지는 않게 됩니다. 또한 그러한 사람은 결코 마음의 평정을 잃지 않습니다.

'모든 형성된 것은 고통이다'라고 분명한 지혜를 갖고 관찰할 때, 사람은 고통에서 멀리 떠나간다. 이것이야말로 사람이 깨끗해지는 길이다.(Dhp. 278)

괴로움을 분명히 알지 못하고, 또한 괴로움의 발생을 모르며, 괴로움이 모든 면에서 남김없이 그쳐버린 상태도, 괴로움을 그치게 하는 길도 모르는 사람들이 있다.(Sn. 724)

그들은 마음에 의한 해탈뿐만 아니라, 지혜에 의한 해탈도 얻지 못한다. 윤회를 끝낼 수가 없는 그들은 나고 늙음으로 받는다.(Sn. 725)

여기서 말하는 것은 다름 아닌 사성제입니다. 즉 사성제에 대한 바른 앎은 해탈로 이끄는 바른 지혜가 됨을 설하고 있는 것입니다.

사성제의 핵심은 괴로움을 괴로움으로 아는 것에 있습니다. 괴로움을 괴로움으로 알지 못하고 즐거움으로 아는 이상, 괴로움으로부터 벗어나고자 하는 그 어떤 시도도 불가능하기 때문입니다.

부처님은 일체 모든 것이 괴로움이라고 말씀하셨습

니다. 그럴까요? 우리는 살아가면서 많은 행복감을 느끼며 즐겁고 유쾌한 경험도 합니다. 원하는 것을 얻는다든지, 짝사랑하던 사람과 사랑을 이룬다든지, 승진이나 원하는 학교에 진학이 된다든지, 주식투자를 했는데 대박이 났다든지 등등의 일은 분명 즐거운 것이며 행복한 일입니다. 그런데 부처님은 왜 모든 것이 괴로움이라고 하셨을까요.

우리들이 일상에서 경험하는 행복이나 즐거움은 욕망을 본질로 하고, 욕망에서 생겨납니다. 욕망이란 끊임없이 갈구하는 심리적 상태를 말합니다. 내가 추구하는 욕망이 충족될 때는 기쁨을 느끼지만, 그렇지 못할 때는 반대로 괴로움을 느끼게 됩니다.

설령 욕망이 충족되고 성취된다고 하여도 욕망은 결코 만족할 줄 모릅니다. 그래서 결국 욕망은 또 다른 욕망을 끊임없이 불러일으켜 심리적인 불만족, 불안정한 상태를 만들게 됩니다. 이러한 불만족, 불안정한 상태를 우리는 괴로움이라고 말합니다.

부처님이 이 세상 모든 것은 괴로움이라고 말씀하신 이유는 바로 이 세상이 욕망을 바탕으로 이루어졌고, 우리는 욕망을 추구하는 삶을 살기 때문입니다.

> 감각적 쾌락을 원할 때에 그 감각적 쾌락의 욕구가 이루어지면, 갖고자 하는 것을 얻어서 그 사람은 참으로 기뻐합니다.(Sn. 766)

> 감각적 쾌락의 길에 들어서 욕망이 생겨난 사람에게 만일 감각적 쾌락이 충족되지 못하면, 그는 화살에 맞은 사람처럼 괴로워합니다.(Sn. 767)

> 황금산의 황금 모두가 두 배나 세 배가 되어도 한 사람에게조차 충분치 않다. 이렇게 알아서 바르게 행동해야 한다.
> 그러므로 괴로움을 본 그 사람이 어떻게 온갖 욕망의 대상에 대해서 [머리를] 굽힐 수 있겠는가. 집착을 속박이라고 알고서 이 세상에서 참으로 사람은 그것의 제거를 위해 배워야 한다.(SN. I, p.117)

욕망이 충족되었을 때, 우리는 행복과 기쁨을 느낍

니다. 그리고 만족하여 '나는 더 이상 필요 없어'라고 하지만 과연 그럴까요? 전세 사는 사람이 꿈에 그리던 집을 마련하면, 그에 만족하여 다른 것을 바라지 않을까요? 당분간은 그럴 것입니다. 그러나 얼마 안 있어, 더 좋은 집을 바라거나 좋은 차를 바라거나, 혹은 더 좋은 가전제품을 바라게 됩니다.

그러면 집을 마련했던 그 만족감과 행복은 어느새 사라지고 불만족스러운 상태가 됩니다. 게다가 다른 사람들이 자신이 원하는 것을 갖고 있으면 불행하다고까지 생각하기도 합니다. 그러니 부처님께서는 모든 것이 괴로움이라고 말씀하신 것입니다.

모든 것은 욕망을 본질로 하고 있으니, 그 욕망을 보고 모든 것을 괴로움이라고 알게 되면 집착하지 않게 됩니다. 그렇게 되면 결국은 우리들 마음은 보다 편안하게 되고 안정되어, 바깥 대상에 속박되지 않는 자유로운 삶을 살게 되는 것이지요.

욕망을 완전히 버리는 것이 불가능하다면, 가능한

욕망을 적게 하여 만족하는 삶[少欲知足]을 사는 것이 욕망에 온전히 사로잡혀 사는 것보다는 자유로운 삶, 행복한 삶을 살아가는 방법일 것입니다.

부처님께서는 우리가 자유롭지 못하고 괴로운 것은 나에 대한 집착에서 나온다고 말합니다. 이와 관련하여 부처님은 다음과 같이 말씀하십니다.

> '모든 것에는 자아라고 할 만한 것이 없다'고 분명한 지혜를 갖고 관찰할 때, 사람은 고통에서 멀리 떠나간다. 이것이야말로 사람이 깨끗해지는 길이다.(Dhp. 279)

> 모가라자여, 항상 바르게 알아차리고, 자아에 대한 견해를 버리고, 공의 입장에서 세상을 관찰하십시오. 이와 같이 하면 죽음을 넘어설 수 있을 것입니다. 이와 같이 세상을 관찰하면 죽음의 왕은 보지 못합니다.(Sn. 1119)

> 내 것이라고 동요하고 있는 사람들을 보라. 잦아드는 물웅덩이의 물고기들과 같다. 이 모습을 보고, 나의 것을 떨치고 존재들에 대한 집착을 버리고 유행하라.(Sn. 777)

사람이 '이것은 내 것이다'라고 생각하는 물건, 그것은 죽음으로 잃게 됩니다. 나를 따르는 사람은 현명하게 이 이치를 알아서, 내 것이라고 하는 관념에 굴복하지 말아야 합니다.(Sn. 806)

내 것이라는 것에 탐욕을 부리면, 걱정과 슬픔과 인색함을 버리지 못합니다. 그러므로 안온을 보는 성자는 소유를 버리고 유행하는 것입니다.(Sn. 809)

정신과 육체에 대해서 내 것이라고 집착된 것이 전혀 없는 사람은 [어떤 것이] 없어졌다고 해서 슬퍼하지 않습니다. 그는 참으로 이 세상에서 잃을 것이 없습니다.(Sn. 950)

괴로움의 원인에는 '소유' 관념을 빼놓을 수 없습니다. 사람들은 '내 것'이라고 하는 생각을 죽을 때까지 갖고 삽니다. '내 것'이라고 하는 생각의 바탕에는 '나'라고 하는 자아 관념이 자리하고 있습니다. 이것을 한역으로는 '아我'와 '아소我所'라고 합니다. '나'와 '나의 것'이란 말입니다.

그런데 부처님께서는 '나'와 '나의 것'이란 생각이 탐욕을 불러일으키고, 그로 인해 고통과 슬픔을 겪는다고 말씀합니다. 그러므로 고통과 슬픔을 넘어 행복한 삶을 살기 위해서는 '나'와 '나의 것'이란 생각을 버려야 합니다.

그러나 '내가 있다'라고 하는 자아 관념은 쉽게 버려지지 않습니다. 그러니 '내 것'이라고 하는 소유관념은 당연히 버릴 수 없겠지요. '나'라고 하는 관념이 확고하면 할수록, 다른 사람과 비교하고 나 이외의 것과 구분하여 끊임없이 갈등하고 투쟁하며, 명예나 돈 등을 잃는 것을 두려워하게 됩니다.

부처님이 무아, 즉 고정불변하는 자아가 없다고 하신 말씀은 '나'라고 하는 것은 '타인과 대상'과의 끊임없는 관계 속에서만 존재한다는 것을 의미합니다. 즉 다른 사람이나 대상이 나의 존재 근거이자 내가 다른 사람이나 대상의 존재 근거가 된다는 말입니다. 이것은 '나'라고 하는 것은 관계 속에서 형성된 것으로 관계를 떠나서는 존재할 수 없음을 의미하는 것이기도 합니다.

그러니 관계로 인해 존재하는 '나'는 고유하며 절대적이며 변하지 않는 존재가 아니라, 끊임없이 변화하고 영향 받으며, 상대적인 존재가 되는 것입니다. 그렇기 때문에 그 안에는 영원한 나와 내 것이라고 고집하고 집착할 만한 것이 없는 것입니다.

이렇게 알면, 내 것이라고 집착하여 불안해하거나 슬퍼할 일이 없게 됩니다. 그러면 마음은 동요하지 않고 언제나 한결같이 평온할 수 있게 되는 것이고, 이것이 바로 괴로움에서 벗어나게 되는 지름길이 되는 것입니다.

경전에서는 이상의 내용을 간단히 정리해서 다음과 같이 말씀하고 있습니다.

> 색[수·상·행·식]은 무상하다. 그리고 무상한 것은 괴로움이다. 괴로움인 것은 무아이다. 무아인 것, 그것은 내 것

이 아니고, 이것은 내가 아니고, 나의 자아가 아니다 라고 이렇게 이것을 있는 그대로 바른 지혜로 보아야 한다.(SN. III, pp.22-23)

그런데 우리는 어려서부터 나는 다른 사람의 존재 근거이며, 다른 사람은 나의 존재 근거라는 점은 간과된 채, 나와 남을 뚜렷하게 구별하는 법을 배우고, 내 것과 남의 것을 철저하게 나누어 소유관념을 익히도록 배웁니다. 그리고 싸워서 이겨야 살아남는다고 하는 동물의 법칙인 적자생존의 원리에 충실하도록 배웁니다.

이렇게 일단 형성된 자아관념은 견고하여 여간해서는 무너뜨릴 수 없습니다. 이러한 자아관념을 통해서 우리는 인생관을 형성하고 세계관을 세우게 됩니다.

> 지혜를 성취한 사람은 견해나 사변으로 판단하지 않으니 그러한 본성이 없기 때문입니다. 행위나 학식에 영향받지 않고 견해의 집착에도 이끌리지 않습니다.(Sn. 846)

이 게송은 마간디야라고 하는 바라문에게 말씀하신 것입니다. 사람들은 대부분 자신의 견해나 생각을 기준으로 다른 사람이나 세계를 판단하죠. 그리고 그것을 절대적인 것으로 생각하고 다른 이들에게 강요하거나 주장합니다.

그러나 이러한 주장은 대부분 편협된 주장이거나 잘못된 판단일 경우가 많습니다. 그렇지 않더라도 그것은 시비의 대상이 되기가 쉽습니다. 지혜로운 사람은 자신의 내면을 살펴 욕망을 절제하고 세상과 다투지 않아, 어떤 견해나 생각에 집착하여 자신을 내세우거나 고집하지 않는다는 것이 게송에서 부처님이 말씀하신 내용입니다.

《숫따니빠따》에는 이와 같이 자신의 견해나 생각만이 옳다고 주장하는 것은 집착을 일으키고 결국에는 다툼을 초래하고 만다는 말씀이 자주 설해지고 있습니다. 다른 사람의 견해나 생각을 이해하거나 받아들이지 않으면서 자신만이 옳다고 한다면, 남는 것은 갈등과 싸움뿐일 것입니다. 그 근저에는 앞서 말한 '나'와 '내 것'이라고 하는 뿌리 깊은 착각이 놓여 있습니다.

이처럼 지혜의 내용은 모든 존재를 무상한 것으로 보고, 괴로움을 괴로운 것으로 알며, 자아라고 하는 고정된 실체란 없다고 여실하게 아는 것이 됩니다.

> 만족함을 알고 진리를 들으며, 진리를 보는 자의 삶은 즐겁다네. 세상 사람들에 대해서 화내고 미워하지 않고, 살아 있는 모든 생명에 대해서 자제하는 것은 즐겁다네. 세상에 대한 탐욕과 욕망을 버리고 모든 욕망을 초월하는 것은 즐겁다네. '나'라는 아만심을 극복하는 것은 생각하건대 최상의 즐거움이네.(Vin I, p.3)

내 영혼의 작은책 _ 교리·입문

사성제·팔정도
성스러운 진리 올바른 삶의 길

초판 1쇄 인쇄 | 2010년 7월 5일 · 초판 1쇄 발행 | 2010년 7월 10일

글쓴이 | 이필원 · 펴낸이 | 윤재승 · 펴낸곳 | 민족사

진행 | 성재영 · 책임편집 | 김창현
편집 디자인 | 김형조 · 영업관리 | 윤선미

등록 | 1980년 5월 9일(등록 제1-149호)
주소 | 서울시 종로구 수송동 58번지 두산위브파빌리온 1131호
전화 | 02)732-2403~4 · 팩스 | 02)739-7565
E-mail | minjoksa@chol.com · 홈페이지 | minjoksa.org

ⓒ 2010 이필원

※ 글쓴이와 협의하에 인지는 생략합니다.
※ 잘못된 책은 바꾸어 드립니다.

※ 값은 책 뒷면에 있습니다.

ISBN 978-89-7009-891-3 04220
ISBN 978-89-7009-890-6 (세트)

내 영혼의 작은책

내 영혼은 깊은 사색과 명상을 통해 작은 꽃을 피운다.

교리·입문

1. 사성제·팔정도 _ 이필원
2. 육바라밀 _ 성재헌
3. 업과 윤회
4. 무아·하심·무심
5. 깨달음·열반·해탈
6. 중도·연기
7. 마음·유식
8. 공의 이해와 실천
9. 계율
10. 극락과 지옥

수행·명상

1. 생활명상
2. 위빠사나
3. 절
4. 염불
5. 주력
6. 간경
7. 참선수행
8. 사경
9. 염불선
10. 티벳불교 수행법
11. 마음을 평화롭게 하는 10분 명상

신행·문화

1. 아미타불 _ 여여법사
2. 약사여래와 약사신앙
3. 나한과 나한신앙
4. 죽음을 극복하는 부처님말씀
5. 49재와 영가천도
6. 출가재일 성도재일 열반재일
7. 관음과 지장신앙
8. 신중과 신중신앙
9. 문수보살과 문수신앙
10. 사천왕과 사천왕신앙
11. 우란분재
12. 생전예수재
13. 방생법회
14. 사찰예절
15. 불교상담법
16. 화를 극복하는 방법
17. 슬픔과 근심을 극복하는 법
18. 수험생을 위한 마음집중법